大手印之燈

HEART LAMP: Lamp of Mahamudra & The Heart of the Matter

真實顯明諸法精藏大手印之義・
無垢明炬論

作者 策勒・那措・讓卓 Tsele Natsok Rangdrol

序 頂果・欽哲仁波切 H. H. Dilgo Khyentse Rinpoche

引言 祖古・烏金仁波切（大手印之燈） Tulku Urgyen Rinpoche

英譯 艾瑞克・貝瑪・坤桑 Erik Pema Kunsang

中譯 普賢法譯小組

【中文版推薦序】

明心見性　悟入菩提

佛法有八萬四千法門，但一切的法都不離我們的自性心源，修行的入手處是心。佛陀當初在靈鷲山傳法付囑摩訶迦葉，傳的就是涅槃妙心，這是不立文字、教外別傳的心法。透過禪修、參話頭、讀經，要明悟的便是自性光明的心，我傳承的寂靜修法門就是從聆聽寂靜來明心見性，超頓直入，悟入法界而十方圓明，這是我們禪的傳承。

然而，當下開悟、頓悟自身本來面目並不容易，大部分行者還是要一步一腳印地修行，而密宗在修行的道次第方面頗為完整，從四加行助道到身口意的三密相應等修法，都是實修法門。像我是寧瑪巴噶陀派的正統傳承，它明確的修行次第可以作為我們修禪的相互補充說明，而明心見性，密乘有大圓滿、大手印等法門，這與「禪」完全相通，因為兩者本來就是同一味的圓修境界。

靈鷲山本身是以禪為根本的道場，但同時也弘傳小乘、大乘、密乘這三乘佛法，三乘都是源自佛陀的教導，而眾生的根器和因緣都不盡相同。一方面，我們有四期教育的系統性學習佛法，另方面，也會靈活運用三乘佛法來因材施教。因此，在靈鷲山的教育系統裡，有活潑的生活禪教導，也有嚴謹的密法學習，而最終都歸於一心法界的證悟。

策勒・那措・讓卓是藏地密乘的重要上師，《大手印之燈》是指導修持大手印的代表性著作，相信有緣修持密法的佛法行者，會在策勒・那措・讓卓的引導下有所啟發，進一步邁入菩提大道的圓滿修持。

靈鷲山佛教教團開山和尚

釋心道

【中文版推薦序】

但用此心直了成佛

在藏傳佛教中，大手印是噶舉派最高的法門，與寧瑪派的大圓滿法同享盛名，以簡潔的方法直指心性，當下成佛，迥異於藏傳佛教給人的刻板印象：繁複而神祕。

對於身處雲端科技時代的人們而言，這是契理契機的最佳選擇。快速、緊張、壓力、虛擬的生活方式，急需有個出口，讓我們不必費多大力氣，甚至根本不必費力，就可以解決心理和生死問題。

大乘佛教的圓教或稱心性、自性、佛性、如來藏、真如法門等，就有這種見地和法力。它們以般若和自性為理論基礎，般若照見諸法皆空，自性能生萬法，事理圓融通達無礙。

大手印和大圓滿都屬於圓教，見地類似漢傳佛教的惠能頓悟禪，但行持是漸修漸悟，仍循止觀的理路，不過以自性為宗趣。禪宗六祖惠能大師的「無念、無相、無住」法皆源自《金剛經》，前二者純屬般若波羅蜜的運用，後者則把《金剛經》的「不應住色聲香味觸法而生其心」，提升為「自性無住而能生萬法」的高度，又更簡捷。

我樂見本書的翻譯出版，拜讀譯稿之餘，獲益匪淺，深嘆翻譯之不易而重要。藏傳佛書的用字遣詞若能隨順華文語法，應更能深入讀者心續。

中華維鬘學會

鄭振煌

【中文版推薦序】

願求證得自心本性

生命，因無常而備足珍惜；人身，若暇滿則稀有難得。佛陀曾說，時刻思惟無常，即是修持的精要；而此人身，唯有用以修持，方能稱為殊勝。

《大手印之燈》的作者策勒・那措・讓卓，是十七世紀著名的噶舉和寧瑪傳承大師，在本書中便揭示了從恆觀無常到善用人身的整個修道歷程，以及在這段旅途中可能出現的錯誤、偏差和覺受、成就。他特別將五道、十地、大手印四瑜伽的實修覺受，與四念處、四正勤、四神足、四善根、五根、五力、七覺支、八正道、金剛持地果位做了相當清晰的次第對照，讓行者能夠明白自己於修道上所處的狀態和程度，並了解自己所需開展的內涵和特質為何。

大手印、大圓滿，和大中觀這三個法門，都屬於修道的頂峰，所證得的境界並無不同，只是趨近的方式各有特色。祖師有言，無論是修空性或悲心，彼此是相通且相輔的，空性見的修果將生起悲心，悲心觀的修果將證得空性。因此，無需因為法門名稱的相異而各執己見、爭辯不休，佛法的修持重點都是為了體悟自心本性，進而成就證悟並自利利他。就如宗薩欽哲仁波切（《近乎佛教徒》等作者）所說，就像是洗衣服，無論你用哪個品牌的洗衣精，重點都是要把衣服洗乾淨；當衣服清潔了，自然就不需要洗衣精了。此外，無論是髒污之時、清潔之時，衣服都在，本身並未改變，因為衣服本來就是乾淨的。同理，我們是利用各種法門來清除遮障、明心見性，並非從外面找到個什麼而稱之為佛果。關鍵是，我們要相信這個清淨的過程是可能達到的，否則，洗衣精就沒有存在的價值了。

「心是明鏡台」和「明鏡亦非台」，究竟孰是孰非，端賴要從哪個角度來看——未洗之前、清洗之後，本質上來說，衣服都是衣服；但只要我們還在修道的過程，就仍應依循次第、按步進行，以免因為求取速成而落入世間八風的誘惑而不自知。關於這一點，作者在本書的第二部份《核心之要》也一再強調，若有虔誠心，便能領受上師的加持，並藉此識得心的本貌。而為了求取上師的加持，最重要的便是修持能夠淨除遮障和累積福智資糧的法門。為本書寫序的頂果欽哲法王（《證悟者的心要寶藏》等作者），是我和外子的主要上師之一，也是當今十四世達賴喇嘛和許多重要導師的上師之一。他在一生當中，單單金剛乘特有的淨障集資前行法（或稱「四加行」，各十萬次）便完成了三次以上，嚴謹禪坐的山居閉關也累積了三十多年的光陰，正是這種精進勇毅、次第修持的精神，使他成為二十世紀最偉大的上師之一。而他的根本上師蔣揚．欽哲．確吉．羅卓（十九世紀不分教派大師蔣揚．欽哲．旺波的轉世）曾告訴智慧空行康卓．慈琳佛母：對上師具足虔誠，對眾生懷抱慈悲，則能於臨終之際無有畏懼。

因此，相信衣服可被洗淨、相信佛果可以達成，於師具虔心、於眾具悲心，於己則願求證得自心本性，確認在那無造作、無阻礙、無界限的空明狀態當中，慈悲與智慧將自然湧現。於是，我們便能安然地坐在竹慶本樂仁波切（《叛逆的佛陀》等作者）稱為「心靈咖啡館」的禪堂中，鬆坦地坐下，品嚐由上師為弟子特製的咖啡——無論甜苦冷熱、或添加香味來吸引我們喝下，並和我們的心展開一場面對面的交流，不管心要說什麼，就讓它說吧。當心最終說完或說夠了，我們便能進入宗薩欽哲仁波切所說的「究竟的閉關」：於前念已末、後念未起之中的間隔，盡可能地保持安住。那麼，我們必然有機會看到，祖古烏金仁波切在《如是》與《彩虹丹青》等書中所引介的——鮮活的覺性。

願我們皆能得見之、安住之、開展之！

表演工作坊行政總監

丁乃竺 口述

楊書婷 筆錄

藏曆水蛇年佛陀天降月釋迦牟尼佛日

（二〇一三年十二月二日）

目錄

寫給自己的忠告

上師，皈依之源，今日我頂禮於您的蓮足前，
為自己寫下這篇中肯的建言。

你，這最黑暗時期的偽善者和乞討漂泊者。
雖然入了教法之門已有多年，
但即使到了現在，你的心仍未與佛法相融。
你依舊沉迷於無盡的念頭之流，實在可恥，
因此，現在將你的心與法相融，豈非更好？

雖然你尚屬年少，不過壽期難測。
從不確知這幻化和合之身何時將要捨棄。
你卻仍貪戀此生的歡樂而受束縛，
因此，現在就趕緊精勤於佛法，豈非更好？

死時，除了佛法之外，沒有什麼可以幫助你。
但是，你已獲教法卻仍漫無目的，如此散漫。
就只佯裝是個修行之人，真是卑鄙，
因此，現在就到達持久的利益頂峰，豈非更好？

僕從與部下、受用與財物——
你不將這些視為造成分心的修法之魔。
卻還渴望獲得更多的世間名望與利益，
因此，現在就誠心地獨自靜居，豈非更好？

雖然你已值遇一兩位極為具格的上師，
但從未真心而虔敬地承侍他們。
反而想一較高下或以平等地位相處，真是卑鄙，
因此，現在就嚴謹持守你的三昧耶，豈非更好？

你未如法持守三昧耶和誓言，
也未有資格成為修道的導引，

但你仍然處心積慮要坐在有德之人的前方，
因此，現在就到山林靜處隱居，豈非更好？

你尚未透過聞學而解除一般的疑惑，
也尚未透過禪修而到達內在的堡壘，
但你還以教導他人佛法來欺騙自己，
因此，現在就修持根本的精要，豈非更好？

你可能領受過一些灌頂和引導教言，
但尚未將法教真正融入於相續之中，
在生活中讓佛法與心分離，真是愚蠢。
因此，現在就修持至深的法義，豈非更好？

尚未曾歷經過生起次第（Development stage）的近與修，[1]
也尚未對圓滿次第（Completion stage）的見地具自信，

1 譯註：生起次第的近與修（approach and accomplishment），指生起次第觀修本尊法的近修四支，即：修念、近修、修、大修。簡要來說，修念：觀想生起誓言本尊；近修：加持身、語、意三門；修：迎請智慧本尊融入；大修：行者求受灌頂。詳見當代噶舉派大師創古仁波切《生起與圓滿》一書。

卻假扮成為生者與亡者的皈依處，真是迷妄。
因此，至少現在就為自己尋求皈依，豈非更好？

尚未以能令成熟的灌頂讓自己成熟，
也未曾浸淫於能令解脫的教言之中，
卻仍要偽裝成他人的導師欺騙自己。
因此，至少現在就實現自己的利益，豈非更好？
因此，至少現在就為自己尋求皈依，豈非更好？[2]

不久，你即將來到中陰的險道，
你其實可從你的眾多徒眾和侍從處得到幫助，
但你依舊與不具佛法的人們為伍來欺騙自己，
因此，現在就獨自禪修，豈非更好？

當你被閻王的魔鍊綑綁而動彈不得，
你所擁有的財富絲毫不起作用，

2譯註：猜測此最後一行為英文版誤植，與上一段末重複。

但你仍然累積資財而欺騙自己。
因此，現在就降低你對物質的渴望，豈非更好？

當你在輪迴與涅槃的分界要作抉擇，
不正確的選擇將帶給你持續的麻煩，
此時世俗的行為也將盡數徒勞無功。
因此，現在就找到恆久的目標，豈非更好？

若未斬斷輪迴事物的概念，
若未將心朝向三寶，
你將不斷在輪迴之中流轉，
因此，現在就專注於神聖的佛法上，豈非更好？

尚不知家鄉即是魔的監獄，
看不出親友即是魔的親信，
依附、眷戀只會讓你墮入惡趣，

因此，現在就從根斬除一切的好惡，豈非更好？

若未能堅守在真實上師的蓮足前，
那誰會來關閉輪迴惡道投生之門？
在你將身、命、財這一切都供養給上師之後，
現在就完全真心誠意地尋求皈依處，豈非更好？

除非你追尋佛法並付諸實修，
否則佛法何必努力要救度你！
供養你自身的生命與四肢後，毫不退避任何磨難，
現在就修持甚深的教言，豈非更好？

我這生於鬥諍期的不具佛法且好逸惡勞之人，
在某一日說了這些建言，
給了自己有益的諮議。
以此功德，願一切眾生速達覺醒地。

前言

頂果・欽哲寫於地龍年正月二十五日

極為博學的策勒・貝瑪・列竹（Tsele Pema Lekdrub）是大譯師毗盧渣那（Vairotsana）的身化身，他的學問與成就已達至雪域諸多大師的巔峰。他又被稱為「怙主果倉巴・那措・讓卓」（Kongpo Götsanpa Natsok Rangdrol），在學識、德行與聖意這三種功德上，無人能出其右。[3]

3 譯註：依照索甲仁波切法國道場的簡介，這位祖師生於西元1608年，被認證為丹增・多傑（Tendzin Dorje, 1535-1605?）的立即轉世，以及密勒日巴（Milarepa）化身之竹巴噶舉（Drukpa Kagyu）大師果倉巴（Götsangpa）的轉世。幼年即從學於多位噶舉和寧瑪傳承的諸多上師，包括著名的大伏藏師賈村・寧波（Jatsön Nyingpo）在內。由於他的法教特別適合於我們這個時代的眾生，因此十九世紀的不分教派大師蔣揚・欽哲・確吉・羅卓（Jamyang Khyentse Chökyi Lodrö）和當代的大師頂果・欽哲法王（H. H. Dilgo Khyentse Rinpoche）都特別推薦弟子要閱讀修習他的著作。本書的副標題《真實顯明諸法精藏大手印之義・無垢明炬論》之譯名來自藏文書題：chos thams cad kyi snying po phyag rgya chen poíi don yang dag par rab tu gsal bar byed pa dri ma med paíi sgron ma。而《如實宣說修習了義見與修之要・金剛匯合論》之譯名來自藏文書題：nges don gyi lta sgom nyams su len tshul ji ltar bar ston pa rdo rjeíi mdo ëdzin zhes bya ba bzhugs so。

在他五部的著作總集中，我個人認為《大手印之燈》能利益一切有意修學佛法的人。這篇著作並不注重冗長的學術解釋，遣詞用字清晰易懂，其內文乃依循具格上師（qualified master）的親口指導而寫，不但易於理解，並且包含了所有的修持要點和相當直接的指導。

為能幫助目前對佛法有興趣的外國弟子對佛法生起真正的信心，我——老頂果・欽哲——鼓勵弟子艾瑞克・貝瑪・坤桑（Erik Pema Kunsang）將這本書翻譯成英文。因此，願每個人都對此作懷有信心。

引言　簡述大手印

祖古・烏金仁波切（Tulku Urgyen Rinpoche）

1988年於尼泊爾納吉貢巴（Nagi Gompa）[4]

大手印分為三類：經部大手印（Sutra Mahamudra）、續部大手印（Mantra Mahamudra），以及精藏大手印（Essence Mahamudra）。[5]

經部大手印是經由五道（Five paths）與十地（Ten bhumis）而達到完全證悟的佛果。

續部大手印是經由第三灌頂（third empowerment）而覺受四喜，進而體證空性的四種層次。這四喜——喜、勝喜、非喜、俱生喜——能引導行者修持可了證大手印究竟見地的方法。依祖師所言，「藉由譬喻智達至真實智」，譬喻智（symbolic wisdom）指的是由四喜而喚

---

4 譯註：祖古・烏金仁波切為多位著名大師的上師之一，也是確吉・尼瑪仁波切（吉祥噶寧講修寺現任住持）、慈克・秋林仁波切（Tsikey Chokling Rinpoche，頂果・欽哲仁波切轉世靈童的父親）、竹旺・措尼仁波切（Drubwang Tsoknyi Rinpoche）和詠給・明就仁波切（Yongey Mingyur Rinpoche）等四位祖古的父親。「祖古」是轉世上師之意。

5 譯註：續部或續法，Tantra，即一般用語「密續」，然其本身只有相續性的意思；此處則以「續部」作為Mantra「咒」的代譯詞，因為英譯者常用密咒來指稱續部或金剛乘。

起的四空（four levels of emptiness）[6]，而真實智（true wisdom或true wakefulness）則是本然狀態的大手印。以這種方式引見赤露而本然狀態的大手印，就稱為續部大手印。[7]

精藏大手印以體性、自性、展現（表述）來描述。體性無生，自性無阻礙，展現則以各種方式展現。精藏大手印是經由以下的善巧方便而指出：「精藏大手印，是你安住於無造作（unfabricated）本然狀態中的赤露平常心（naked ordinary mind）」。

儘管法教上對精藏大手印與本然狀態大圓滿（Dzogchen of Natural State）有著不同的用語，但實際上這兩者毫無差別。透過這類的教導，於臨終時，當物質所成之身分解的那一剎那，心便與法身（Dharmakaya）相融。行者也可能在仍保有此血肉之軀時，即在色究竟天（Akanishtha）的法界（Dharmadhatu）中，達到真實而圓滿的證悟。

印度所有博學而成就的大師，不論是六莊嚴與二殊勝（Six Ornaments and the Two Supreme Ones），或八十大成就者（siddha），都毫無例外地無瑕證得此大手印境界。僅僅聽聞「大手印」一詞，便能通向輪迴的終點。

---

6 譯註：空、善空、大空及一切空，因風息入、住、融於中脈所引生，並非證得法無自性之慧，而是四種細微之心；亦可稱為白顯現心、紅增上心、黑近得心及光明心。

7 譯註：金剛乘四種灌頂依序為瓶、密、慧、字（寶瓶、祕密、智慧、句義）（Vase, Secret, Wisdom, Precious Word），其中，依第三智慧灌頂的譬喻智，令行者趣證第四句義灌頂的真實智。

正如章波（Trangpo，地名）的大伏藏師謝拉．偉色（Sherab Ozer）所寫：

大手印與大圓滿，
詞雖異然義相同。

就基、道、果而言，基大手印（Ground Mahamudra）是無生的體性、無阻礙的自性，和多重方式的展現。大圓滿（Mahasandhi或Dzogchen）法教則將這三個面向描述為體性、自性，以及力用（essence, nature and capacity）。[8]

道大手印（Path Mahamudra）是安住於無戲論本然狀態中的赤露、平常心。

果大手印（Fruition Mahamudra）是最後取得「無修」的法身寶座（Dharmakaya Throne of Nonmeditation）。大手印四瑜伽（four yogas of Mahamudra）分別是專一（One pointedness）、離戲（Simplicity）、一味（One Taste）、無修（Non-meditation）。當行者取得無修的法身

8 譯註：這三種大手印或稱為根（因）、道、果大手印，在此選譯為「基大手印」，是因為比較貼近原文（英文也是用ground）；另有一詞Essence Mahamudra若直接中譯就是一般所見的體性、本質或精要大手印，在此選譯為「精藏大手印」，以對應於「如來藏」的「藏」。關於大手印三面向essence, nature, expression，於詞彙解釋中的藏文拼音為gshis gdangs rtsal，gshis是基，gdangs是基所生的光輝、顏色或音韻，rtsal是基與光輝的能量所生的作用。依創古仁波切於〈金剛總持簡短祈請文釋論〉的中譯版所言：「體性為空，自性為明，相狀無礙」，而第三個面向由英文（expression）直譯為表述或展現，本書選用後詞；在大圓滿稱為力用（capacity），指的是大悲。

寶座時，即證得果的境界。

大手印的第一瑜伽「專一」，有三種層次：下品、中品、上品。「專一」主要是包含奢摩他（止，shamatha），以及透過有所緣奢摩他（shamatha with support）、無所緣奢摩他（shamatha without support），最終達到令諸如來歡喜的奢摩他（shamatha that delights the tathagatas）此一漸次進階。在這個過程中，執念將逐漸消滅。

下一個階段「離戲」，基本上是指無執念（non-fixation）。在離戲的下品、中品、上品三層次過程中，執念一再地進一步瓦解。「專一」主要是奢摩他，而「離戲」則著重毗婆舍那（觀）。[9]

「一味」是奢摩他與毗婆舍那（vipashyana）融合為一之心的狀態。顯相與心，生起如同一味。修行者無須將顯相限制於「彼處」，並將心識限制於「此處」，而是，顯相與心的二元執念，在無二的虛空中融為一味。

當怙主岡波巴（Lord Gampopa）在岡波山（Gampo Mountain）隱修時，他告訴一位弟子

9 譯註：離戲，簡言之，就是離於戲論，樸質純然。「戲論」（elaboration），依照當代大堪布慈誠羅珠上師的開示，「就是我們平時執著的對境，包括常斷、好壞、善惡等等的分別。」

：「顯相與心的融合就像這樣！」他口裡這般說著，同時自在地揮手穿過屋內的大柱，柱子便分成了上下兩段，彼此並未相接。事後，他的侍者害怕屋頂會塌下來，就在兩段柱子的中間安插了一塊石板。岡波巴的舉動顯示他已達到一味的較高境界，於此之中，一切二元現象（dualistic phenomena），外器與內情[10]，都在無二元的虛空之中融合而成為一味。諸如好壞、淨穢、苦樂、存有與非存有，要接受或排斥、要採行或避免的對境，以及希望和恐懼等二元概念（分別想）：一切都融合成為一味，即法身的皇室寶座。

在這個層次，可能還保有對受用一性、一味妙相的一些感覺，但是到了第四個階段——無修，即使是對觀看者與所觀看的事物、禪修者與所禪修的對境等這些細微概念，全都融入離於意念造作的虛空之中。因此，便證得無修的法身寶座。大圓滿稱這個階段為「法遍不可思議相」（exhaustion of phenomena beyond concepts，超越概念的現象窮盡狀態）。無有需要禪觀或修習的對境：是為法身。

專一時莫固著執取，

離戲時莫落入二邊，

10譯註：外在的器世界，指山河大地等眾生居住的環境；內在的情世界，指居住於此的有情眾生。

一味之味莫作攀緣，

無修超越概念之心。

以上，是我對大手印所作簡略而全貌的概述。

迴向

謹將本書功德迴向予佛法和一切有情衆生。據說，當佛陀教法盛傳時，衆生於此生、中陰、諸來世之中，都將享有安樂。~祖古·烏金仁波切

自序

南無　摩訶慕札耶。11

自始之初即圓滿清淨，

此自性了無造作表徵（fabricated attributes）。

法性此一殊勝明覺智（wakefulness）12，

吾以了悟如是之敬作禮敬。

體性之中雖然無存有，

卻有多重幻化之顯相。

此本具無二之本然境，

吾今當來講說令汝知自性。

11譯註：Namo Mahamudraye，梵文音譯。南無，音「南摩」，意為「禮敬」；摩訶，音「瑪哈」，意為「大的」；慕札，音「目爪」，意為「印」；耶，尾語；整句為禮敬大手印之意。藏密祖師在撰寫佛法論述時，通常會先以梵文作禮敬，是為吉祥緣起，乃因佛法最早是以梵文傳入西藏。前言中所提到的大譯師毗盧遮那，即是蓮師（蓮花生大士）於第八世紀受邀入藏時，西藏第一批的七位受剃度僧之一，也是當時進行梵藏翻譯的大譯師。

12譯註：由於書末將此英文多解釋為「智」，因此分別翻譯為覺性awareness與覺智wakefulness。一般來說，藏文中，智與慧是有差別的，前者為本有、後者為習得。

諸佛一切無量教法意義的精髓，即是如來的智慧本質本來即在，是為有情眾生的自性。各種多不勝數的不同法教和乘門，其實都只是為能了悟此一自性而教導。由於諸佛大悲事業的殊妙力，因此，有多少種不同喜好與資質的眾生尚待調服，就有多少種可調服他們的法門和教導。

在這所有不同的教法當中，有一種最卓越、最短近的道途，是密咒果乘（Resultant Secret Mantra）中一切金剛乘門之頂的究竟法義。聲名如日月一般的大手印，即是此一最殊勝的法門，直接而簡單地揭露心的本然面貌，佛的三身（three kayas）於此之中任運自成[13]。這是所有殊勝的成就者與持明者[14]所曾旅經的迅捷道路。我現在就分三部來簡略說明其重點意義：

（一）基大手印，事物的根本自性；見地的意義，以迷惑與解脫（confusion and liberation）來概要描述。

13譯註：spontaneously present，大概的意思是自然而然地就在那裡，不用做任何事情而本自就在，「任運自成」是大圓滿教法的用語，乃因心的本性是從本來就成就的。道大手印「自有本然續流」的自有（self-existing），也翻譯成「自生」，但為避免和「自己生起」（self-arising）的「自生」混淆，在本書都使用「自有」。

14譯註：vidyadhara，「持明」有兩種解釋，第一種的明，意指明覺，是我們的心性，而了悟心性者即稱為持明者，或簡稱持明；第二種，是持有五佛部之佛種性者。以次第來說，則有四種持明：異熟持明、無死持明、大手印持明、任運持明。

（二）道大手印，自有的本然續流（self-existing natural flow）；跨渡一切道（修道）與地（bhumis，菩薩位階）的方法，以奢摩他（止）和毗婆舍那（觀）來詳盡解釋。

（三）果大手印，經由了證無瑕染且最究竟的佛果三身（three kayas of buddhahood）而成就眾生安樂的方法；以結論來說明。

大手印之燈

《真實顯明諸法精藏大手印之義・無垢明炬論》

第一部 基大手印

第一章：見地

基大手印，事物的根本自性。見地的意義，以迷惑與解脫來概要描述。

你的本然體性無法安立為輪迴或涅槃。它不受任何邊見（極端的見解）所束縛，離於誇大或詆毀的侷限，它不受愉悅與否、在或不在、存有或不存有、永恆或斷滅、自己或他人等等的指稱所染污或破壞。[15] 由於它無法被立論為任何特定的樣貌，你的體性可做為任何形色的顯現、或是所要顯現的概念之基。但是，不論它如何顯現，究竟而言，此一體性並無真實存在。因此，它是不受生、住、滅所限制的大空性，是不受因緣條件制約的法界（現象界）。從一開始，此一體性即是佛果三身可在其中任運自成的自性，且被稱為「萬法根本自性之基大手印」。《秘密藏續》（*Guhyagarbha Tantra*）教導：

心之體性無基亦無根，
乃為一切現象之基礎。

15 譯註：誇大或詆毀（exaggeration and denigration），簡單解釋的話，就是把沒有的説成有、有的卻説成沒有，一般翻譯為「增、損」；在或不在（being or not being），也可能為「是或不是」。永恆或斷滅，即常見（eternalism）和斷見（nihilism）的邊見（extreme view）。

此一體性，並非是在唯有一人的心續（mind-stream）、或唯有一佛之中，而是整個輪迴與涅槃、一切顯現與存有的真正基礎。

當你了悟它的自性，了知它的真正狀態，就稱為佛。當你尚未了悟它，仍然不了知它而經驗到迷惑，就稱為有情眾生。因此，它是流轉輪迴的基礎，稱為輪迴與涅槃的普遍根基。偉大的婆羅門薩拉哈（Saraha, the Great Brahmin）曾說：

> 此一心，萬法之種子，
> 由彼顯現輪迴與涅槃。

它是單一體性，有著各種化現或顯現不同的面向，差別只在於是否了悟它而已。這兩者之中，不論哪一者發生，它仍然以〔佛果〕三身的大本初無二無別（the great indivisibility of the three kayas）而安住，既無好壞、也不受變異等過失而染污其本質。共乘（common vehicles或general vehicles）稱之為「圓成實性」（unchanging absolute）[16]，它也是本初的基本自性。

16譯註：唯識宗與瑜伽行派所立論的現象三層面：「遍計所執性」、「依他起性」和「圓成實性」之一。參見書末詞彙解釋「三性」（three natures）。

這個自性是中立而未定的根基，既非了悟、亦非不了悟，稱為「遍基」（All-ground）、「阿賴耶」（Alaya），乃因它形成了輪迴和涅槃的基礎。這個遍基（一切之基），不是純粹的虛無或空無一切，而是不斷發生的自明照之了知（self-luminous knowing）。這個了知，有如一面鏡子和其明亮，稱為「遍基識」（All-ground consciousness，阿賴耶識、含藏識）。

根本分裂

接下來說明，如何從此一遍基而分出為輪迴與涅槃。

這個自明照之心識（consciousness）[17]的了知特性或智慧分（智慧層面），其體性為空，自性為了知，這兩者不可分離，是為覺性（awareness）的核心。由於它是清淨道一切諸佛功德（quality）與表徵（attribute）的種子或來由，也稱為「諸行的究竟遍基」（true all-ground of application）、「如來藏」（Sugata-essence或Tathāgatagarbha）、「自明了的法身」（Dharmakaya of self-knowing）、「出世智」、「自性佛」（Buddha of your own mind）等等。所有這些對涅槃表徵的不同分類所給予的名稱，皆是同義詞。這個智慧分，正是已入修道的每個人所應了悟以及認識的。

17譯註：參見書末詞彙解釋Eight collections of consciousnesses。

由於此中立遍基的愚癡分（愚癡的面向），我們不知道自己的體性，所以未能了悟本然的狀態，也因此障蔽了自己。它稱為「俱生無明」（coemergent ignorance）或「無始大闇」（great darkness of beginningless time），而由於它是生起所有煩惱情緒和顛倒妄想的基礎，它也稱為「種種習氣的一切基礎」（All-ground of various tendencies，各種習氣的遍基）。因此，它是一切有情眾生迷惑的根基。《直趨密意續》（*Tantra of Directly Realizing*）解釋：

> 既然覺性非從此基生起，
> 這完全不作心意的忘失，
> 正是無明與迷惑的起因。

伴隨這個無明的，還有從迷妄而來的七種念頭狀態（癡所生七性妄，seven thought states resulting from delusion），例如中貪（medium clinging，中等的攀執）和忘失。18

18譯註：依《大圓滿法性自解脫論導引文如意藏》解釋，共有中貪、忘失、迷亂、不語、懨嫌、懈怠、疑悔此七種，屬於八十性妄或稱八十自性尋思、八十自性分別，此八十種令人煩惱的念頭分為四十種貪念、三十三種嗔念，以及七種癡念。第一世蔣貢康楚仁波切(1830 -1899)於所編《知識寶藏》（所知藏）中說明：八十自性分別，是與生俱來的最微細之風心，常時多不現行，最難克制。在人命終時，隨著臨終出現明、增、得三境，始能出現。明出現三十三種自性分別種子，增出現自性種子四十，得出現七。此八十詳見於詞彙解釋。

由這個俱生無明，生起對自我和自我實體的執念。以這個「自我」為基礎，而產生對「他人」的執念。由於尚未如實認出這是個人的顯現（自顯，personal manifestation），於是便將它執取為外境。由於尚未認出對能知者與所知者的執念自性，因此開始產生迷惑，這稱為「分別無明」（conceptual ignorance，概念性的無知）或「意識」（八識之一）。此認知行為將對境（客體）與心誤認為是分開的，且伴隨著由貪欲而來的四十種念頭狀態（貪所生四十性妄，forty thought states resulting from desire），例如貪和中貪（attachment and clinging，貪執和攀執）。

從這個意識的表現力，將產生各種習氣與迷惑，再加上相依緣起（dependent origination）的堅固力作為助益，例如遍行業風為緣且遍基無明分為因，就形成了完整的身體、相貌和心。五根門不同的根識，以及六識各感知和念頭的化現也稱為「依緣」。

五種主要的根本風息（five major root winds）和五種次要的支分風息（five minor branch winds），為念頭提供了交通工具。由於對迷惑執念的串習力，你的個人化現便顯現為一個有眾生居住的世界。由此基礎和對境而產生了萬事萬物。它也就是在五根門之間穿梭，產生貪執等等的「迷妄心」。因此，它也稱為「五根識」（consciousness of the five senses）。伴隨這迷妄心的，還有從憤怒而來的三十三種念頭狀態（瞋所生三十三性妄，thirty-two thought states resulting from anger）[19]，例如中離貪（medium detachment，中等的不執著）等等。

如此，以各種習氣為根而以八十性妄（eighty inherent thought states）為支的遍基，逐漸擴大，迷惑也變得持續不斷。由此，你在輪迴中永無止盡地漂流。這就是未了悟的有情眾生其迷惑的樣貌。

由於這個迷惑，對於輪迴與涅槃一切現象的習氣，以種子狀態留存於此遍基之中。各種粗重物質體的對境，內在身中清淨與不清淨的脈、氣、明點（channel, wind, and essence），以及各種輪迴與涅槃的外在現象，三界的情器世間，都是依著因緣相依而顯現於外在。然而這一切有如夢中出現的事物，只是表淺顯相的幻化而已，實際上並不存在。由於你愈來愈習於將這些顯相執取為恆久，並將這些顯相加以堅固化，而執取它們是真實的，此時你便感受到三界和六道眾生的各種苦樂和漠然。你有如身處於水車的輪緣上，永久不斷地在輪迴因果中轉動著。有情眾生的一般特徵，確實就像這樣。

19譯註：瞋所生性妄應有三十三種，此處英文可能誤植為32。

體性如何安住

雖然如此迷惑而在輪迴中流轉，但是你覺性的體性（essence of awareness），如來藏的自性，絲毫不因此而減損。《二品續》（*Tantra of the Two Segments*）20說：

一切眾生皆為佛，
唯受暫時遮蔽故。

究竟而言，這本初的自性以不可分的〔佛果〕三身而鮮活存在。此外，即使受到短暫迷妄經驗的染污所蔽，這體性的本然面貌仍然是以三身而鮮活存在。最後，當淨除遮障且圓滿二智（twofold knowledge）時，在了悟佛果的那一刻，它也是以三身而鮮活存在。因此，迷惑與解脫的二元之分，只是對尚未離於迷妄念頭與無明的狀態，所貼附的一個標籤而已。

《究竟一乘寶性論》（*Uttaratantra*）宣說：

一如過去，未來亦然
此是為不變異的自性。

20譯註：即目前傳世的《喜金剛續》簡短版本，較長版本並未傳世。

儘管心的自性是本初以來即清淨的體性，它本俱圓滿，然而，此一令你障蔽自己的暫時迷惑或俱生無明，卻都是由你所生，有如覆蓋住黃金的污垢。佛法教導了各種清淨與淨除遮障的方便法門。這體性是本有的覺智（self-existing wakefulness），在三時之中都不會改變，且沒有任何分別作意，是真實的智慧分。因此，所有的修道都可以歸納到「方便與智慧」（means and knowledge）之中。這是一切勝者（Victorious ones）的究竟了悟。

你或許認為：「如上所述，那單一遍基會分裂為輪迴與涅槃，這豈非沒道理？」事實上，它就有如藥用樟腦，須看該疾病是熱症或寒症，才能知道對病人是有利或有弊。此外，一種平常會造成死亡的有毒物質，若是以一些如咒語等善巧方便而加以應用，也可以變成藥物。同樣的，當你覺知並認出遍基的唯一自性時，便是解脫，而在不了知遍基而將其當成有自我本體時，便是迷妄。因此，遍基只因了悟或不了悟而有差別。聖者龍樹（Nagarjuna）曾經教導：

為煩惱網所遮時，
即稱「眾生」。
離於此諸煩惱時，
即稱「佛陀」。

因此，以大手印根本實義教導的善巧方便來攝持一切現象，你將對基大手印的自性獲得內在的穩定性。你將經由道大手印清淨迷惑念頭的穢垢並獲取佛果三身的皇座，也就是果大手印。如此，你將開啟二利的寶藏。故而，具有業緣和具足根器者，應尋覓一位能夠賜予加持甘露的真實具格上師，並有如常啼菩薩（Sadaprarudita）追隨寶賢菩薩（Manibhadra）[21]、或那洛巴（Naropa）追隨帝洛巴（Tilopa）一般地追隨他。你一定要透過廣詳或簡略的成熟灌頂（ripening empowerments）程序來令心續成熟，因為這是進入金剛乘修道的大門。接著，你應努力修持每一種共與不共的前行[22]，不求舒適、不作怠惰，也不輕忽這些修持，直到出現徵兆為止。這應被視為解脫教言（liberation instructions）的開端指導而受到高度珍視。

特別是，由於對上師滿懷虔敬，你應注重毫無虛偽的修持。此外，也一定要領受上師的加持暖流。這是一切具成就的噶舉持明者其傳承的神聖精要。《大息流續》（*Great Pacifying River Tantra*）宣說：

21 譯註：過去劫中的一位大菩薩。同名者另有印度八十四大成就者之一的瑜伽母寶賢。

22 譯註：前行（Preliminaries或Foundations），又稱加行，一般來說有四共與四不共加行，四共加行為轉心四思量：人身難得、死亡無常、因果業則、輪迴過患，為各傳承共通或共有的修持。四不共加行的內涵則視各個傳承法教而定，通常是皈依發心、金剛薩埵修誦、曼達供養、上師瑜伽，也有六不共加行。這是進入金剛乘本尊修持法之前的必要準備或基礎修持，重點有二：積聚資糧與清淨遮障。

俱生覺智，難以言詮
唯依修持積資與淨障
以及了證上師之加持
方能識得。
若依他法，當知皆妄。

接下來是正行（main part of practice，修持的主要部分）。不論修行者是依循哪一個修持傳承而追隨哪一種教導風格，不論是從見地中認識禪修（meditation）[23]，或從禪修中確立見地，唯一最主要的重點，便是領受傳承上師的加持。

真正的見地

一般而言，不同的乘門和學派，都有無數接受見地的種種方法，而每一種就精要而言，都有其已然確立的真正基礎。由於所有的乘門都是勝者們所展現的佛行事業，無邊無盡且涵攝一切，因此我不用清淨或不清淨、好或壞等字眼來描述，而只是隨喜它們。

23 譯註：此一詞於本書中有特定解釋，詳見書末詞彙解釋。

於此內涵中，見地為心的體性——從一開始就任運自成，是全然的大清淨性。在過去、現在和未來都離於生、住、滅的作意，並且離於來、去，這個心的體性不因執於輪迴、涅槃、修道此概念性表徵而受損。它不因存有或非存有、在或不在、永恆或斷滅、好或壞、高或低而有所增損。它超越了辯駁或證明、接受或拒絕，以及是否將組成輪迴和涅槃的一切顯相和存有（appearance and existence）加以變異或改變。

這本始狀態或存在狀態的如實自性，是為完全自在，乃因它是無別的顯相與空性（顯空無別，inseparable appearance and emptiness）；且為明明朗朗，乃因它是覺智與空性的合一（覺空不二，the unity of wakefulness and emptiness）。它全然開闊，是周遍一切的本初自在；且完全平穩，是不受因緣制約的任運自成。這是見地的主體，如是的本然狀態，本自即有且本然即在，為一切輪迴與涅槃的體性。除此之外，並沒有其他任何片斷或零碎的見地。

透過對此本初狀態的了解，而看見二元執念當中本具的錯謬，即是「了悟見地」，也稱為「看見心的體性」或「了知事物的自性」。正如《道歌集》（*Dohakosha*）中所述：

了悟時，萬物皆是彼。
再無其他更高的了悟。

實相之中，一切顯現與存有、輪迴與涅槃，都是三身的展現。你的自心，也具有三身的自性，且心的本身並不離於究竟法界。輪迴的一切表徵，都包含在心的性相之中。道的一切表徵，都包含在法之中。果的一切表徵，都包含在心的力用之中。

心的無生體性是法身，它無礙的自性是報身（Sambhogakaya），而它以各種形式化現的展現，即是化身（Nirmanakaya）。這三身任運自成，是一體的無分無別。認出並安住於這本然的狀態，即稱為圓滿了悟無過失的正確見地。與此不同的見地——一種透過智識推論，或藉由是否離於諸邊、高低、好壞等參考表徵，所歸納而來的見地或禪修——經典中從未教導而名之為大手印見地。

大手印之燈

《真實顯明諸法精藏大手印之義・無垢明炬論》

第二部　道　大手印

第二章：奢摩他與毗婆舍那

道大手印的禪修。

闡釋奢摩他（止）與毗婆舍那（觀），過失與善德，

禪定與後得，誤解，如何穿越修道等。

一般而言，「禪修」一詞以及無數學派的禪修方法，有著許多不同的意義。但在這裡，「禪修」這個字單指讓心熟悉本然狀態的意義，也就是先前敘述的見地。禪修時，絕對不要從意念上造作任何事物，例如有色彩和形狀的具體對象，也不應一面壓抑心的思維或感知，而一面刻意禪修，例如禪修構想出來的空性。禪修所指，僅僅是將心保持在無造作的自然狀態。

尤其是，眾生的心智能力和智力各有不同。根器敏銳、經由過去（世）的修持而立即了悟的修行者，可以在認出心的體性之刻同時解脫，不需要經過奢摩他（止）與毗婆舍那（觀）的漸次引導。但其他的一般人，則必須經過漸次的引導。因此，首先應藉由專注於枝杖、石頭、本尊像或種子字，修持有所緣奢摩他的各種階段，或者修持風息和明點等的練習。等

到對這些練習獲得把握時，再修持殊勝的無所緣奢摩他。

奢摩他

真正的奢摩他教導下列三種禪修技巧：

（一）不讓心追逐任何外在或內在的對境，要安住於無散亂的清新中。

（二）不過於緊繃地控制三門，要自在安住於不費力的本然中。

（三）不像使用對治法那般讓念頭的體性與覺智分離或不同，要安住於自覺、自明了的本然明性（luminosity）中。

其他例如「無散亂」、「無禪修」、「無造作」等名相，也用來說明這三種技巧。

共乘所教導的三解脫門（three gates of emancipation），也包含在這三項要點中：心本身不追逐自身的行為或有關過去行為和事件的發生，稱為「無相解脫門」（emancipation-gate of marklessness）。你當下的心，離於心所造作的玩耍和構想，或對於「現在這個出現了！這應該這樣做！」的否定或肯定的行為，其本身就是「空性解脫門」（emancipation-gate of emptiness）。不期待將來會發生如何如何，也不希求會進入禪定或擔心無法進入禪定等，就是「無願解脫門」（emancipation-gate of wishlessness）。簡言之，這些都包含在單純讓心安住於本然之中——不破壞也不造作。

於此狀態中，當念頭突然顯現時，只要單純而鮮明地認出心的體性，不追隨任何發生的事，便已足夠。不要試圖刻意地阻止，不要向內專注於禪定，或是以其他對治的方法加以控制。不論你可能採用哪一種行動，都非屬將心性保持在無作意無造作中的要點。

雖然其他修道也有這方面的各種教導，但這裡的修道只有一個，就是不論發生何事，皆認出它的體性。如果你尋找其他的技巧，就不是大手印的禪修。正如大婆羅門（the Great Brahmin）[24]所宣說：

費力，會破壞個人的禪修訓練。
雖然沒有要修的一個「東西」，
但勿分心，即使一刻也不散亂。
於此我說，即是大手印的禪修。

若能如此平等安住於心的如是自性，奢摩他的三種覺受（experiences）將會逐漸顯現。

24 譯註：大婆羅門，若據文末的詞彙解釋說明為薩拉哈尊者，也可能是指釋迦牟尼佛。

是哪三種？在一開始，心好像變得更加浮躁（掉舉），念頭的來去也比以前更多。有時候，在念頭的來去之間，心會短暫寂止。不要認為這樣的念頭活動是有過失的。雖然到目前為止，你的心一直在思考之中，而過去你並未認出這一點。認出思考與寂止（thinking and stillness）之間的差異，是奢摩他（止）的第一個經驗，有如山崖的奔騰瀑布。

保持這樣的修持之後，便將能控制大部分的念頭。你變得柔和而放鬆，身心兩者也變得全然喜樂，且不想再進行其他的活動，而只喜歡禪修。除了在極少的情況下，你的心大部分時候都沒有念頭的活動。這就是奢摩他的中間階段，有如河水的緩緩流動。

之後，不散亂地努力練習，身體會變得全然喜悅，沒有任何疼痛的感覺。你的心清清楚楚地了知，沒有任何念頭。你可以不分晝夜地安住在禪修之中，保持如如不動，不受任何過失所損。顯現的擾人情緒已經消退，而你對於衣食等事物不再有強烈的攀著心。你曾具有受因緣制約的神通（five superknowledges），且各種視覺上的經驗（視相）也開始發生。這些世間功德的各種顯現，是奢摩他的最後階段，有如平靜無波的海洋。

有許多禪修者於此時未能值遇有經驗的上師，或者雖很精進但所學甚少，以致於因為這些看似良好的功德而志得意滿。此外，一般人也視他們為成就者，而這可能為自己和他人帶來災禍。因此要對此加以謹慎。

致力於奢摩他禪修，雖然不足構成大手印修持的主要部分，但絕對是不可或缺的基礎。

嘉華羅日（Gyalwa Lorey）說：

> 缺乏明性而昏沉的奢摩他，
> 禪修再久也無法了悟自性。
> 當以敏銳的覺性凝神專注，
> 持續以簡短的座修來禪修。

正行——毗婆舍那

自心是否有形狀、顏色等具體特徵，是否有來處、住處、去處，是否生起和滅止，是存有或非存有、永恆或斷滅，或是否有個中心和界限，對於這些疑慮，若是沒有完全釐清而作出決斷，你將無法得出它真實面貌的見地。若少了這個，你就不知道要如何自然而然地保持禪修。若不知道這一點，不論你做了多少迷妄的奢摩他和多少維護性的穩定修心，你依然無法超越輪迴三界的因果。因此，你應該在具格上師的跟前釐清所有錯誤的見解。

尤其，密咒乘是加持的修道，你應該致力於虔敬與祈請，這兩者是將傳承上師的證量加持加以內化的方便法。若能如此修持，你將直接經驗到上述見地中所解釋的，自始本具的覺性，即法身的體性。你將經驗到直接而非概念性的覺智，不落入存有或非存有、恆常或斷滅的任何一邊。雖然經驗並了知覺性是能知的、覺察的、空性的和不可分的，此覺智無法以譬喻的方式來說明，並且超越了任何文字所能表達的方式。這個「在」的狀態——處於本自存有且自然了知的大覺醒之中，其實就是所謂的「毗婆舍那」。

首先，一般凡夫從來沒有任何一刻與這個本然了知分離過。然而，由於他們從未以口訣教導或加持來攝持之，因此從未能認出它。其次，此一本然了知，就是於奢摩他當中作安住者，以及對是否有寂止或思考作觀察者。它是進行這所有事情者。但是，它有如我們自己看不見自己一般。凡夫心中所投射的一連串念頭，只不過是毗婆舍那以念頭的形式而化現。此外，奢摩他的各種經驗以及樂、明與無念，只不過是毗婆舍那以這些經驗的形式而化現。但是，由於尚未認出自己赤裸的體性是離於念頭的，這些經驗變成了只是維持心的寂止，而無法成為證悟之因。在識得自己的體性之後，任何的狀態，不論是於寂止中或思考中，無一不是毗婆舍那或大手印。羅日巴（Lorepa）對此加以說明：

當你不涉入於心意執念，
所有顯現皆為六識對境，
盡為自解脫的個人經驗。
你們這些禪修者，是否已了悟此無二無別？

奢摩他與毗婆舍那的合一

一般認為奢摩他是指在念頭自然消退之後，安住於樂、明、無念的狀態中。毗婆舍那則是指赤裸而鮮活地看見心的體性，即心是自明了、無對境、且離於誇大和詆毀。另一方面而言，教法中說奢摩他是無念，而毗婆舍那是認出念頭的體性。此外，亦有許許多多其他此類的陳述，但就現狀而言，不論所顯現的為何或所經驗的為何，都不超越奢摩他與毗婆舍那的無二無別。寂止與思考這兩者，都不過是心的展現。無論是在寂止或思考中，識得你的體性，其本身就是毗婆舍那的自性。

奢摩他是對六識的任何外在顯相，都不要涉入牢固不破的攀執，而毗婆舍那則是感知的無阻礙顯現。因此，在感知當中，奢摩他與毗婆舍那便合而為一。

在念頭剎那生起時，清晰地認識到念頭的體性，就是奢摩他。在本然的心中直接讓念頭解脫，離於任何的概念，就是毗婆舍那。如此，在有概念的思維中，奢摩他與毗婆舍那也合而為一。

此外，即使在干擾的情緒強烈生起時，不要牢牢地追隨這念頭，而是向內看著這念頭的體性，這就是奢摩他。在這空性和赤裸的了知中，能觀察的覺性與所觀察的干擾情緒，這兩者並非分別的存有，這就是毗婆舍那。如此，在干擾的情緒中，奢摩他與毗婆舍那也合而為一。

摘要

你自心的體性不是以寂止或思考、投射或消融、好或壞而存在。所有顯現的現象，都只是心的無礙顯現，心的展現。同樣的，奢摩他和毗婆舍那這兩者的經驗就是不可分的合一，此外無其他。但是，為了讓人們易於了解，因而用不同的名詞和分類來教導這兩者不同的顯現。

故而教法說，單單只修奢摩他而做為大手印的正行部分，這樣做並無效益，因為：

　　單修寂止，為世間禪。

非佛教而持有邊見者所修持的禪定，甚至是聲聞乘者和獨覺乘者的佛教禪定，以及所有天界的三摩地，都是世間禪定（mundane dhyana）。因此，這些並非密咒乘第四灌頂（fourth empowerment of Mantra）的真正修道。尤其，在大手印之中，若對寂止的經驗產生攀執，這是不可取的。大手印是一種將一切顯相和存有視為法身的修持。如果有人將寂止視為好的、是作禪修，而拒斥思考、視為壞的，不是作禪修，這就與「顯相和存有是法身」不符，也與「所生起一切皆是大手印」不符，並且與「任由一切發生，離於造作」不符。

第三章：過失與功德

概略探討過奢摩他和毗婆舍那的意義之後，現在要說明過失與功德，以及各種不同的錯誤。

這有兩個部分：總括而言，說明不瞭解如何持續安住於平等捨的過失；特別而言，說明如何淨除各種錯誤與偏離的過失。

說明錯誤

無造作的將心安住，被視為大手印、大圓滿、道果（Lamdrey）、斷法（Chö或Cutting）、息法（Zhijey或Pacifying）等禪修修持中，所有數不盡深、廣口訣教導的單一了證要點。由於人類有許多不同的理解方式，因此口訣教導也以各種不同的方式呈現。

有些禪修者認為，禪修只是心處於無念的狀態，而於此之中，所有六根的粗細知覺都已停止。這叫作誤入奢摩他的昏沉狀態。

有些禪修者假設，穩定的禪修是未以正念攝持的中性昏沉狀態。

有些禪修者則視禪修為全然明性、平和大樂或絕然空無，並對這些覺受加以攀執。

有些人將禪修切分為片段，相信禪修的目標是達到前念停止與後念生起之間空空如也的狀態。

有些人抱持著這樣的想法：「心性是法身！它是空的！無法捉摸！」想著：「一切都沒有真實存在！有如神奇幻影！有如虛空！」而認為這是禪修的狀態，就是落入智識推論的極端邊見。

有些人聲稱，所思及或所發生的一切，都是禪修的性質。他們落入凡俗思考的控制中而誤入瘋狂的狀態。

其他大部分人，則視思考為缺失並壓抑思考。他們相信要控制思考，之後才能安住禪修，並將自己綑綁在固著的正念或苦行的心態之中。

簡言之，心可能是寂止的，可能因念頭和干擾的情緒而處於混亂，或者在樂、明、無念之中而處於寧靜。不論心的活動為何，要能在當下了知如何保持內在的本然狀態，不造作、不拒斥，亦不做任何改變，這是極為稀有的。看來必須要有如同在了義（definitive meaning）經、續典籍和傳承成就上師著作合集、口訣教導與導引手冊之中所真確陳述的了證，相符一致的那種完美無瑕修持才行。

淨除特定錯誤和過失

實修傳承（Practice Lineage）[25]的所有祖師們，都已經仔細而詳盡地對此教導，我在這裡僅簡單說明，以作為概略的指示。

在禪修中安住時，若貪戀樂、明、無念這三種覺受的任何之一，將會成為投生欲界、色界、無色界（the realms of Desire, Form and Formlessness）此三界之因。投生到這三界之後，於壽命終盡時，又會再度下墮而投生下三道。因此，這些並非通往佛果的道路。

25譯註：第一世蔣貢康楚仁波切針對源自印度而傳至雪域的佛教，依據其法脈源流而分為八大車乘，這是一般所稱的八大傳承。此處則稍有不同，將息法（能寂派）與斷法（斷境派）分類為二，而未納入涅竹（三金剛誦修傳承，或稱鄔金涅竹派）；其中，究竹（時輪六支傳承）源於時輪金剛法，又稱金剛瑜伽傳承或覺囊派，息法源於印度大成就者帕當巴桑傑，其弟子瑪姬拉準（Machik Labdron）則創立斷法。詳見書末詞彙解釋Eight Practice Lineages。

若對此再加以細分，又可分為九種禪那（nine dhyanas of absorption; dhyana又稱靜慮）。當平穩安住於奢摩他時，雖已離於能知者與所知對境的粗重念頭，但仍受到禪修者與禪修對境此概念的束縛，這是「初禪三摩地」。何以如此？乃因初禪所有天人居處所做的禪修正是如此。這種禪修方式，會變成投生初禪天之因。

同樣的，二禪是離於概念和辨別（concept and discernment）的心的狀態，但仍會經驗到喜和樂的三摩地滋味。

三禪是心意不再活動，而只憑著吸氣和呼氣來作依止。

四禪是離於各種念頭，無礙明澈、猶如虛空的三摩地狀態。

以上是所有世間三摩地（mundane samadhis）中最殊勝者，也是毗婆舍那的基礎。但是，如果禪修時帶有貪戀之心，就會偏離大手印的修持，而成為投生到初禪至四禪等天人之因。

此外，認為「所有現象如虛空般無盡！」或者「此一離於偏頗（partiality）和非存有（nonexistent）的心識，是無盡的！」或者「既非有亦非無的覺知力，不是心的活動！」或者「這個心是空的，什麼也沒有！」——住於上述這四種層次，都有誤入四種無色界最高天處的過失，稱為空無邊處天、識無邊處天、無所有處天、非想非非想處天。[26]

聲聞的寂止三摩地，是已捨棄這四種念頭的心的狀態，在此之中，已阻斷對於對境的涉入，並已中斷「風—心」的活動因而安住。雖然教法說，這是究竟的奢摩他，但在此內涵中，除非能以毗婆舍那攝持之，否則便不是無過失的禪修。

九種禪那各有些許暫時的功德，例如神通力和神變力的成就。但在這裡，你應該證得最究竟的圓滿成佛果位（Buddhahood），而不只是世間功德或表相功德。因此，若自然成就上述而你卻加以攀執或感到自大，要知道，這就是成佛的直接障礙。

八種偏離

說明了八種錯誤和誤入歧途的樣貌之後，現在講解八種偏離（eight deviations）：

26譯註：輪迴三界之中，共有二十八個天人所居處，即欲界六天、色界十八天、無色界四天。欲界六天是四王天、忉利天、夜摩天、兜率天、化樂天、他化自在天。色界十八天是梵眾天、梵輔天、大梵天、少光天、無量光天、光音天、少淨天、無量淨天、遍淨天、無雲天、福生天、廣果天、無想天、無煩天、無熱天、善見天、善現天、色究竟天。無色界四天是空無邊處天、識無邊處天、無所有處天、非想非非想處天。其中，無色界天是最高處，故稱之four formless spheres of finality。色究竟天則是三界之最高處，藏文音譯為奧明天，有許多的涵義，其中之一是報身佛的淨剎。

（一）由於不了解心的體性是顯相與空性的合一（顯空不二），其具有一切面向的殊勝之處，是無阻障的因果相依，你因而落入了對空性面向的專注。要認識這個錯誤，它稱為「根本偏離空性的體性」（basic straying from the essence of emptiness）。

（二）同樣的，在開始禪修之後，雖然你也許對本然狀態的意義有智識上的理解，但是於內在中卻尚未生起覺受。或者是，再度忘卻曾經生起的覺受，雖或能以言語向他人解說，但心續中並未具持其意義。這稱為「暫時偏離體性」（temporary straying from the essence）。

（三）雖然目前所需的是修道本身，你卻希求以後可獲得一些其他成果。這稱為「根本偏離修道」（basic straying from the path）。

（四）認為只是保持此心平常的覺智是不夠的，而希求能由此心創造偉大的禪修，因而往他處尋求之，這稱為「暫時偏離修道」（temporary straying from the path）。

（五）當心中生起某個事物，例如干擾的情緒，不只不知道如何取其體性為道用，反而根據下乘（lower vehicles）的教法去禪修其他技巧，這稱為「根本偏離對治」（basic straying from the remedy）。

（六）不知道如何將心中所生念頭等取為道用，反而在安住禪修前就先阻擋或摧毀之，這稱為「暫時偏離對治」（temporary straying from the remedy）。

（七）不了解心的體性，其本然狀態自始就是空性和無根的，還造作如下的念頭：「它沒有自性！」或者「它是空性！」或者「它只是暫時的空性！」這叫做「根本偏離而誤入概論化的空性」（basic straying into generalized emptiness）。

（八）想著：「我原本追隨著念頭而分心了，但現在我禪修得很好！」然後不斷延續這個想法，或者在沒有正念時認為自己持有正念等等，這稱為「暫時偏離而誤入概論化」（temporary straying into generalizing）。

摘要

尚未認出本然狀態的要點，也尚未決斷對本然狀態實際樣貌的疑慮，你有可能落入這些不正確、看似相同的禪修之中。如果努力禪修，但方法不正確或者似是而非，不論花了多久的時間也無法有成果。有些人因而創造了惡境的因緣，例如因為禪修奢摩他的止息而投生成為龍族。因此，你的禪修必須正確無誤才行。

此外，有些人將沒有念頭的昏沉或停滯狀態視為奢摩他。他們假設毗婆舍那指的是以念頭進行分析。他們相信，把心堅固而僵硬的固定於一處即是正念，並誤將中立漠然的狀態認為是本然的狀態。他們將尚未見到自心本來面目的一般人之凡俗心，與離於造作的本具平常心混為一談。他們把對於好的三摩地之攀執或僅僅是離於痛苦的因緣制約之樂視為本具的殊勝大樂。他們未達到無對境本然狀態的確然了証，而誤將對於表面對境的攀執投入，視為離於對境和執念的無阻礙自明了。他們將了知受到阻斷的愚鈍，與無概念分別的覺智等混為一談。

簡言之，所有不同類型的錯誤，不正確的似是而非，偏離與偏差，主要都起因於修行者沒有完全應用前行法中的所有要點，例如積聚資糧（gathering the accumulations）與清淨遮障（purifying the obscurations）[27]。因此，你尚未完全淨除負面業力的染污。其次，由於尚未以加持的油膏來治療自己，因此你的心未得治癒且缺乏彈性。由於尚未決斷對於正行部分的疑慮，因此你受困在理論之中，並陷入於文字之中而不自知。最後，由於尚未將修持融入於心，你變成貌似佛教徒的人，既不是實修者、也不是在家者，因而毀了實修傳承的教法。在此末法時期的尾聲之時，有許多這一類的人。《地藏七輪經》

27 譯註：資糧是指福德和智慧，遮障則通常是指煩惱障與所知障，有時會再加上業障和習氣障，共四種。

（*Seven Wheels of Kshitigarbha Sutra*）[28] 中說：

不接受業報成熟的因果，
即是斷見的外道支持者，
死後立時投生阿鼻地獄（Avichi hell），
將毀了他人且毀了自己。

因此，你必須聰慧地作努力，以免變成這樣。

28 譯註：漢譯有《地藏十輪經》，未見此部。

第四章：覺受與了悟

要盡力專心一意地安住於平等捨，不落入錯誤或迷妄的見地和禪修中，且不誤入歧途或偏離修道。此外，要以正念攝持隨之所來的了解，而不住於凡俗斷捨的迷惑耗散中。接著你將依著自己的人格屬性或根器資質，而有不同的覺受與了悟。[29]

一般而言，由於各個博學而有成就的大師各有其不同的修行體系，因此就出現了諸多辨識這些覺受和了悟的不同方法。有些人說，在四瑜伽當中達到「離戲」之後，實際上就沒有座上和座下禪修（禪定與後得，meditation and postmeditation）的分野了。有些人將每個覺受和了悟各自區分為不同的座上和座下禪修，有些則針對四瑜伽的個別階段教導不同的座上和座下禪修。確實是有數不盡的不同方法。[30]

相同的，有關覺受與了悟之間的種種差別，也有不同的體系。有些上師教導，「專一」

29 譯註：experience，覺受或經驗；realization，了悟或了證。

30 譯註：「座上與座下」禪修（meditation and postmeditation）也譯為「禪定與後得」，有關的說明，依寧瑪派敏林堪千仁波切所言：「在修行當中，有禪定與後得這二種，具此兩種狀態的區別。需待修持至十地，也就是修證到佛的果位時，禪定與後得，才完全的融合在一起。」

的三個層次只是覺受而非真正的了悟。而不同的教法從表面上看來也有無數細節，例如一致同意在達到「無修」時即已見到心的體性等等。

既然所有的教導都是為了調伏眾生數不盡的傾向和資質而慈悲化現，因此你無需將某一種法教個別視為是唯一的真諦。我自己都尚未達到、覺察、或了解所有這些階段，因此，又如何能設定什麼是適當範例、什麼不是適當範例的準則呢？這會有如天生的盲人，無法分別美醜的顏色。但是，現在我還是根據自己的了解程度，對各個階段做概略的說明。

禪定與後得

在兩種次第的所有修持當中，有許多禪定與後得的名詞和例子。金剛乘修持的兩種次第是生起次第和圓滿次第（development stage and completion stage）。怎麼說呢？「定中」一詞是指專注於實際修持的內容上，而不混入其他的活動。「後得」是指與其他活動融合，例如兩座之間的休息時間。此時，心的狀態稱為「隨後了知」（ensuing understanding），而此時的感知稱為「隨後感知」（ensuing perception）[31]。一般而言，所有修行體系都用這類的

31 譯註：「隨後了知」（ensuing understanding）和「隨後感知」（ensuing perception），可以翻譯為「隨知」和「隨顯」，兩者之間有能感知者的主體和所感知的客體（對境）之不同。

指稱。此外，就這裡的內容而言，我們可以稱初學者在努力實際禪修時為「定中」，而稱行走、活動、飲食、睡眠等所作為為「後得」。對於傑出的修行者而言，定中與後得不可分離，且時時刻刻皆不分心、不迷惑，他們的修持是沒有間斷的。

覺受與了悟

至於說到覺受與了悟之間的差別，「覺受」指的是對任何高、低層次的善法修持，並且修持時尚未與心的體性融合為一，還仍有須斷捨的事物以及其對治法。或者，我們也可以說，「覺受」是仍保有對禪修者與禪修對境的分別概念。「了悟」則是指該善法修持雖與心不分離，卻是以心的體性顯現，而心的體性是在證得確定性時得到解惑的。簡而言之，這兩個層面不只出現在實際禪修的內容中，也關係到修道上大部分的修持，例如上師瑜伽、慈悲與菩提心（Bodhichitta）、生起次第等等。

以下舉例說明上述的詞彙。在聽聞別人大略描述金剛座（Vajrasana）[32]或它的故事之後，你心中出現了金剛座的樣子和周圍的景象，而可以向其他人說明，這稱為「智識理解」

32 譯註：印度菩提迦耶正覺大塔下的菩提樹下，釋迦牟尼佛成道之處。據說賢劫千佛都曾經或將在此處證悟成佛，而金剛座下，正是地獄道的入口。

（intellectual understanding）。從遠處趨近金剛座，或者看過一幅金剛座建築輪廓的繪畫，心裡了解它大概的意義，稱為「覺受」（experience，體驗）。自己真正到訪金剛座，仔細觀察並感到肯定，這稱為生起「了證」（realization，領悟）。

三士夫

至於是否能輕易理解這些要點，便要看個人的心智能力了。這可以分為三種層次。只需示之以象徵物即可生起了知、經驗和領悟的人，或者無須經過一番辛勞即可在剎那間迅速圓滿一切功德的人，稱為「頓悟者」（instantaneous type），他們由於過去世的修持而具有證量，因此是上士（上品的士夫）。經驗與領悟的功德增損並非循序漸進、或不固定在高或低的人，稱為「越級者」（skipping the grades type），屬中等根器（中品的士夫）。其他一般或凡俗的人，以明確的逐步進階方式，根據個人的精進程度不斷進展，稱為「漸悟者」（gradual type），這類人包括所有的一般人（下品的士夫）。由於前兩者都可包括在漸悟者的各個漸進修道階段之中，因此我在這裡會根據漸進的方式來說明。

第五章：四瑜伽

共乘教導說，一個人歷經五道與十地而成佛。但在這裡，我將說明在無比達波噶舉（Dakpo Kagyu）傳承上師之間特別聞名的四種漸進瑜伽次第。這四種瑜伽又可各再分為下、中、上次第，便總共有十二個次第，此即是由依怙主達哦雄努（Lord Dawö Zhonnu，月光童子，指岡波巴）所闡釋，稱為《不可思議秘密續》（*Tantra of the Inconceivable Secret*）經典的具義本性。這部續中教導：

藉由「獅子威三摩地」（samadhi of the Majestic Lion），
你不動「專一」的清明之心綻放光芒，
從內在讓自明了的覺智甦醒，
並且以穩定的「忍」捨棄下三道之苦。
藉由第二的「如幻三摩地」（samadhi of Magical Illusion），
從「離戲」的大禪修中，
顯現三摩地之力的不可思議，

且因已證得「煖」而能掌控來世的投生。

藉由第三的「勇行三摩地」（samadhi of Courageous Movement），
多重成為「一味」，顯現諸十地的了悟。
你成就利他，有如三時勝者之子，
且因已證得「頂」而增上毫無間斷。

藉由第四的「金剛喻三摩地」（the Vajralike samadhi），
從「無修」的致力修持中，
你能以智慧觀見佛國淨土。
「世第一法」的大境界便不費力而任運自成。[33]

33 譯註：關於煖、頂、忍、世第一法之四地或四善根（four aspects of ascertainment），書末的個別詞彙解釋並未加以描述（heat, summit, acceptance, supreme mundane quality or Supreme Attribute）。《大佛頂如來密因修證了義諸菩薩萬行首楞嚴經》（卷八）云：「阿難！是善男子盡是清淨四十一心，次成四種妙圓加行，即以佛覺用為己心，若出未出，猶如鑽火欲然其木，名為煖地。又以己心成佛所履，若依非依如登高山，身入虛空，下有微礙，名為頂地。心佛二同，善得中道，如忍事人，非懷非出，名為忍地。數量銷滅，迷覺中道，二無所目，名世第一地。」又，《成唯識論》（卷九）：「煖等四法依四尋思四如實智初後位立。四尋思者尋思名義自性差別假有實無。如實遍知此四離識及識非有名如實智。」

這些階段與對應的意義在《楞伽經》（*Lankavatara Sutra*）中有廣詳的說明。同樣的，大阿闍梨香帝巴（Acharya Shantipa）[34]也曾對此作非常詳盡的闡釋，例如五眼（five eyes）、遍智（omniscience，一切智智）等等。此外，根據寧瑪傳承的大手印體系，蓮師（Guru Rinpoche）也明確教導了其意義。在《要點筆記》（*Notes on Vital Points*）中，蓮師說明了：

「專一」：
由於善與惡於心中清淨，
你自然而然斷捨不善行。

「離戲」：
由於心的體性離於心意造作，
你便斷捨對能知、所知的執念。

「一味」：
由於顯相生起為法身，
你自然斷捨概念思考。

34 譯註：Acharya Shantipa，名為Ratnakarashanti，印度八十四大成就者之一，著名超戒寺的住持，阿底峽尊者的上師之一。阿闍梨的意思是金剛上師。

「無修」：

由於認出輪迴與涅槃無自性，

你便斷捨一切二元分別執念。

因此，他結合教導了四瑜伽與四正勤（four right exertions）[35]。此外，蓮師又教導：

「煖」是見到心性。

「頂」時了悟無生是為法身。

「忍」而超越了拒斥輪迴或納受涅槃。

「世第一法」則輪迴與涅槃消融於心。

這個教導結合了四瑜伽與加行道的四善根（four aspects of the path of joining）[36]，其意義與上述吻合。

35 譯註：四正勤：已生惡令永斷、未生惡令不生、已生善令增長、未生善令得生。

36 譯註：《大乘阿毗達磨雜集論》（卷八）云，道有五種，其中加行道指煖、頂、忍、世第一法等四善根，即所謂的加行位。《俱舍論》卷二十五云：加行道者，謂從此後，無間道生。《瑜伽師地論》卷一百云：加行道者，謂為斷惑勤修加行。

四瑜伽

現在我僅以淺薄的略談，說明顯現四瑜伽真實義的漸進方式，並說明如何圓滿經部體系的十地和五道。

在「專一」、「離戲」、「一味」、「無修」之中，首先是「專一」瑜伽：

專一

當一個具足福報之人，已斬斷對此生的執著，將他的上師視為真正的佛，獲得了真正的加持，之後平穩地禪修，他將安住於樂、明、無念的狀態中，並獲得確信。如果仍然抱持著執念：「禪修是經由認出生起的念頭而讓念頭自然解脫」，這是下品「專一」。

雖然實修傳承的祖師們只將「專一」的三個階段視為奢摩他，但根據我自己的了解，每個人當然有著各自不同的程度。此外，對於已經認出本具狀態的人，事物的自性即是，奢摩他和毗婆舍那二者無時無刻皆融合為一。因此，要了解，此處，奢摩他是以毗婆舍那來攝持。此時的隨後了知，受到對於事物為實的執念所支配，在睡夢狀態中仍和一般人無甚差別。簡而言之，由於你這時候只是初修，你在維護修持時，便會遇到種種起伏、難易的狀況。

到了中品「專一」，你就能隨心所欲而長時間保持在禪修之中。有時候即使不作禪修，也會進入三摩地。此時的隨後了知，對於事物為實的執念逐漸降低，因此感知變得寬廣，連睡夢中有時也會進行善法修持。簡而言之，這是「禪修的時刻」變為了禪修。

接著是上品「專一」。不論晝夜，禪修的狀態變成樂、明和無念的不中斷覺受。不再分別隨後經驗與隨後了知等等，你持續保任於三摩地中。你離於外在或內在的寄生攀附，且不再攀緣於感官的享樂。教法說，你也會獲得一些神通力和神變力。但到了這個階段，你依然尚未從對某些美妙事物經驗的貪戀中脫離，也尚未從對禪修執著的概念束縛中解脫。

開始進入「專一」三階段的禪修者，會因根器的不同與個別精進程度的不同，而有許多差異。也就是說，你能否見到「專一」的體性，端視你是否已於樂、明、無念的狀態中獲得對自明力的確信。同樣的，你能否圓滿修持，差別即在於這些經驗是否持續不斷或偶爾發生。念頭能否以禪修生起，端視你是否單單以正念攝持，令所有生起的念頭變成禪修。此外，功德的生起與否，也端視你的心續是否已經變得柔軟。能否播下佛果色身（Rupakaya）的種子，端視於隨後了知之中，是否生起無造作的大悲心。能否於世俗諦獲得自在，端視你是否對因果相依緣起獲得確信。噶舉祖師們也曾教導過各種的評估方法。

離戲

對於「專一」生起某程度此類覺受之後，若是精進地祈請及修持，且不落入自我中心的傲慢或對美妙事物的貪戀等過失，你將可以更上一層樓而進入「離戲」。換言之，你將正確了悟心之體性的本然狀態是離於生、住、滅等極端邊見。在隨後了知中，當你以正念攝持之，它將轉變為禪修的狀態，此時你便得已解脫。但是，如果未以正念攝持，你的座下禪修（後得）將變成對於事物為實的執念。在夢境中，也無法肯定你是否為迷惑的。不論如何，下品「離戲」是你對空性仍然保有執念，例如想著：「顯相和存有的一切現象，只不過是空性！」

到了中品「離戲」，這個對空性的執念以及對念頭自性為實的貪戀，已得到淨化。但是，你對於外在顯相為實的攀執，則尚未完全清除。在隨後了知與睡眠之中，迷妄的執念與執實的攀附，會時而出現、時而消失，你的修持也會歷經許許多多的波動。

上品「離戲」是完全斬斷對於輪迴與涅槃、外與內、顯相與心等等的錯解。如此，你就從「感知到的」或「未感知到的」、「空的」或「非空的」等攀執中解脫。白天的大多時間之中，禪修都不中斷。而夜間的夢境之中，有時會出現迷妄的執念。但是，由於正念尚未能持續不斷，因此必須要略為刻意地修持正念。簡而言之，在「離戲」的這些階段中，因為主要是對空性有所體驗，以及對不執著任何事物為實有所體驗，你的虔敬心、淨觀、慈悲心有可能會因此消滅。故而，不落入「空性生起為敵人」的障礙，至為重要。

此時，能否見到「離戲」的體性，端視因執於空性體驗所生的染污或堅信是否已得淨除。修持能否臻至圓滿，端視你是否已離於希望與恐懼，或是否已斬斷對於何為感知及何為空性的錯解。念頭能否以禪修生起，端視在隨後經驗和睡眠中，是否出現「認出一切生起念頭的本來面貌只不過是空性」的禪修了證。善的功德能否生起，端視你是否與成就徵兆的顯現產生連結，例如觀見真實諦的十二種乘以一百倍功德（twelve times on hundred qualities），而這是要了證的。[37] 能否駕馭世俗諦並種下佛色身的種子，端視你對空性生起為因果的顯現獲得確信之後，是否使你的菩提心與願心相符一致。教法說，你應該知道這些分歧點。

一味

對「離戲」的了悟達到圓滿之後，你便了知輪迴與涅槃、顯相與空性、生起與圓滿、相對與絕對等等二元表徵，在大手印之中都屬於「一味」。雖然你有辦法將修道上各種可能的

37 譯註：登地菩薩的功德之一，詳見「五道與十地」一章的「功德」一節。

表徵都簡約為自明了，但只要你對這個經驗覺受仍然保有些許執念，或對自明了仍然保有部分貪執信念，就稱為下品「一味」。

在淨除對此覺受的執念之後，你便證得顯相與心無二無別的了悟，甚至也不會執著所了悟的實際對境與能了悟對境的覺性這兩者是分別的存有。因此，中品「一味」是從能知者與所知境的二元分別中解脫。

藉由萬法顯現為「一味」的多重力，覺智的大顯現延展、對「一味」本身的了悟展現為多重性，則是上品「一味」。

實修傳承的一切祖師都教導，禪修與後得這兩者於此時將真正合而為一。換言之，從其體性層面來說，任何顯相或念頭的生起本始就是法身或大手印。但若以其化現或對一迷妄眾生的顯現層面而言，它仍然有著堅實存有和主客執念的特性。當以自明了的正念來攝持它，那一刻它其實就自行解脫了。而這項功德在較低層次的瑜伽中是沒有的。

此處，以正念來攝持念頭的那一刻，所指的是單純讓顯現或發生的一切生起，而不注意或認出與其分離的某個體性。這一刻的發生與否，端視修行者是否已見到「一味」的體性。這個修持能否臻至圓滿，在於修行者對於對治法是否還有絲毫細微的執念，或者「一味」是否已生起為多重性。「念頭生起為禪修」（thought arising as meditation）與否，端視無阻障出現的六根感知，是否已超越束縛和解脫這兩者。功德的生起與否，端視智慧力是否已駕馭一切內外現象，並已獲得化顯異象、轉變事物、顯現神蹟的力量。能否駕馭世俗諦，端視是否已將此相符一致地帶入道上：藉由顯相與心的相融而了悟「一味」是以多重性生起，此一掌控顯相與存有的因和果。佛色身種子的播下與否，端視是否已藉涵攝一切和不作費力的大悲心，而開啟利他的寶藏。過去已有許多這類的陳述。

無修

如此以後，你便已圓滿「一味」，刻意禪修或刻意不禪修、分心或不分心等二元經驗皆已淨化，你即解脫入於大本初的狀態，於此之中，一切覺受都是禪修。不過，下品「無修」在夜間以及隨後經驗之中，會生起僅僅細微的如幻執念和習氣。

中品「無修」是當此如幻執念徹底淨化之後，日夜相繼不斷成為大禪修的狀態，故而了悟本具的自性。但是，由於意識的細微層面仍以自明了而在，此為覺智的本具外層，其本身即是二元明了的染污。因此，由於尚未離於這種染污，而為中品「無修」。

對於無念未能認出、有如遍基識殘留物的二元明了，當此一細微遮障已徹底淨化之後，母光明與子光明（luminosities of mother and child）相融，一切都成熟為涵攝一切的覺智廣空，法身單一明點（single circle of dharmakaya）。這個上品「無修」也稱為正等正覺的佛果（complete enlightenment），也就是達到究竟的成果。

見到「無修」的體性，只不過是僅僅了悟在「一味」的階段時已明白知道的內涵，因此端視那個經驗到要禪修或要熟悉之對境的心，是否已得淨化。[38] 能否圓滿「無修」的修持，端視無明的所有染污、此最細微的二元知見習氣，是否已於了證的覺智中耗盡。念頭能否生起為禪修，端視遍基的習氣是否已消融入於法界智慧的狀態。功德的生起與否，端視此物質體是否化現為或解脫入虹光身（rainbow body），心是否解脫入法身，以及六道是否解脫入涵攝一切的清淨（all-encompassing purity）中。能否成就佛色身的種子，端視佛身、語、意之無盡莊嚴輪（inexhaustible adornment wheel of Body, Speech and Mind）是否毫不費力地成就周遍虛空的眾生福祉。世俗現象的所有層面能否淨化入法界，端視是否已圓滿佛果的殊勝功德。噶舉的祖師們其實都已詳細闡述了這些和其他的差異之處。

38 譯註：meditation or familiarization，從某角度來說，禪修是一種熟稔度的訓練（其藏文便包含此一意涵），讓行者對某種見地或覺受加以熟悉。

摘要

若是將上述的義理濃縮為要義，「專一」是指能隨心所欲而長時間保持在禪定之中。「離戲」是指認出你的本來面貌即是平常心，並了悟它是沒有根或基的。「一味」是指輪迴與涅槃的二元執念在覺性中解脫。「無修」是指信念與習氣的所有染污都獲得清淨。這四種瑜伽的要義就包含在這其中。

特別是，「專一」瑜伽的座上和座下之差，在於是否安住。「離戲」瑜伽的座上和座下之差，在於是否保持正念。到了「一味」瑜伽之後，座上和座下已融合為一，因此沒有差別。

此外，念頭的自性生起為無念，是「專一」；生起為空性，是「離戲」；生起為功德，是「一味」；而生起為超越概念心，是「無修」。

在「專一」時，迷惑會無法控制地生起。在「離戲」時，修行者了悟迷惑是沒有根或基的。在「一味」時，迷惑初顯為智慧。而「無修」階段，則已超越迷惑與無迷惑這些詞彙。

教法進一步解釋，「專一」時的最高成就，是了悟寂止與念頭出現此兩者的不可分離。「離戲」的圓滿或最高成就，是了悟迷惑與解脫此兩者的不可分離。「一味」的圓滿或最高成就，是了悟顯相與心此兩者的不可分離。「一味」的圓滿或最高成就，是了悟禪定與後得此兩者的不可分離。

教法說，「專一」是當你的心執持實有時；「離戲」時，心的狀態是禪定與後得；「一味」時，心的狀態是二者合一；而「無修」，便是當你了悟自心時。

最後，在「專一」時，念頭已得降伏；在「離戲」時，念頭之根已得斬斷；在「一味」時，本有的覺智由內初顯；在「無修」時，則是證得穩定性。

簡而言之，不同型態的差別和類別，其數量當然是難以言表且無有竭盡，但最重要的明確要點則為如下。在認出自心的本具樣貌——完全如是的本然狀態之後，要了知如何保任平常心的自然樣貌——未受意念造作所破壞的本來樣貌，單單這一點就很重要。智慧空行母尼古瑪（Niguma）曾說：

若不明瞭一切顯現皆為禪修，
應用對治法又豈能達到什麼？
感知不因受到捨棄而可斷離，
卻於認出其為如幻時而自然解脫。

第六章：五道與十地

時下大部分偽裝成佛法修行者的人，都受世間八風[39]的鎖鍊緊緊捆綁，他們只追求物質事物與更多財富的獲得，一心只想著這一生的飲食、衣著和享樂。有些人用傲慢之毒自我迷醉，自誇博學多聞、學富五車，但卻無法駕馭自己的心。有些人確實渴望修持究竟的了義，但卻缺少真實的上師和真實的口訣。因此，他們將自己監禁在僵化的苦行禪修之中，不知道有周遍一切的寬廣修持。許多無知的禪修者，則為他們自己獲取了所謂「命氣症」的「獎賞」。[40]

在這個時代，當滿山滿谷充斥著所謂的禪修者，而他們不斷延續著惡行並缺乏實質內涵——有如一鍋只有牛肺的燉肉，或像鐵匠的鼓風扇那般中空，就算有人可以宣說四種瑜伽的種種功德，但充其量只不過有如講述沙漠之水的功德那般，沒有多少意義。

福報具足、已確實生起無垢覺受與了悟的男女修行者，當他們經由禪修而從內心生起智

39 譯註：利、衰、譽、毀、稱、譏、樂、苦。

40 譯註：「命氣症」，Soglung（藏文威利拼音為srog rlung）有多種意思，可專指持命氣（維護生命的內在風息），或是於命脈中的風息，在此應指由此造成的精神疾病：依照Rangjung Yeshe Wiki佛法詞彙的線上解釋，是一種因各種艱苦奮力的情境而使風息堵塞在心輪而造成的疾病。

慧，便毋需仰賴外在的文字。因此，他們當然不需要我這種人所做的冗長闡述——其有如一個從未親自到過某地的人，卻在描述那遙遠的地方一樣。

一個天賦良好、符合資格，具有精進之心、追隨完美上師，已然領受加持、能夠平穩修持的人，就上述四種瑜伽各自覺受和了悟的顯現來說，將會自動而完整地旅經共乘漸進的五道和十地各階段。《三摩地王經》（*King of Samadhi Sutra*）中說到：

依此殊勝三摩地
並持有其教法者
彼無論行至何處
行止調柔甚祥和。
歡喜、離垢、發光地，
焰慧、難勝、現前地，
遠行、不動及善智，
法雲——如是證十地。[41]

41 譯註：前述十地採用的譯名擷取自新譯《大方廣佛華嚴經》卷三十四，為實叉難陀尊者三藏法師於唐武則天時期所譯。歡喜、離垢、發光地，焰慧、難勝、現前地，遠行、不動及善智，以及法雲地的英文分別為：The Joyous, the Stainless, the Radiant, the Brilliant, the Hard to Conquer, the Realized, the Reaching Far, the Unshakable, the Good Intelligence, and the Cloud of Dharma。

五道

換言之，在資糧道的下、中、上品階段，你達到四念處（four applications of mindfulness）、四正勤，以及四神足（four legs of miraculous action）。這些，於此大手印迅捷口訣道中，皆已完備：

首先，共的前行（General Preliminaries）是思量輪迴的苦痛、暇滿的難得、生命的無常等等。這些層面完全包含了四念處：觀身不淨、觀受是苦、觀心無常、觀法無我。因此，專注於這些前行的要點上，並對前行獲得一些覺受或確信，便稱為行度下品資糧道。[42]

同樣的，未生不善令不生、已生不善令永斷、未生善令得生、已生善令增長的四正勤，在這裡全部都包含在皈依、生起菩提心、持誦百字明咒，以及獻曼達之中，因此稱為行度中品資糧道。

42譯註：五道為資糧道（Path of Accumulation）、加行道（Path of Joining）、見道（Path of Seeing）、修道（Path of Cultivation）、無學道（Path of No-learning）或圓滿道（Path of Fulfillment），前四皆為「學道」。四思量，或稱轉心四念，其最後一個是「因果的法則」。此段將五道與三十七道品和大手印四瑜伽相融說明，三十七道品又稱為「三十七助道品」、「三十七道諦」、「三十七菩提分法」、「三十七覺支」，為修行解脫的德行項目，可分為七類：四念處、四正勤、四神足、五根、五力、七菩提分（覺支）、八聖道分。

在此之後，上師瑜伽（Guru yoga，上師相應法）包含了四神足：對上師生起專一的虔敬心，是「欲神足」。領受四種灌頂，是「觀神足」。祈請是「勤神足」，而最後將上師心與自己的心融合為一，是「心神足」。透過這四神足，你便行度上品資糧道。

波羅蜜多乘（Paramita vehicle）教導，圓滿資糧道的功德為可以到達淨土，並親自面見化身佛等等。此處，殊勝的上師即是一切佛果三身的體性，而他所度化眾生的域界便無別於化身淨土。因此，這與上述的意義並行不悖。

「專一」時的下、中、上品階段是加行道，包括四善根：看見心的體性，稱為「煖」；於其中獲得確定性，稱為「頂」；不受情境所損，稱為「忍」；而不間斷修持專一，稱為加行道的「世第一法」[43]。

這個時候，你也會獲得五根（five faculties）的特殊功德：獲得無量的確信，是「信根」；無渙散而直觀本性，是「念根」；不因怠惰而中斷，是「精進根」；禪修不受擾亂，是「定根」；了悟究竟義，是「慧根」。

43原註（英譯註）：heat, summit, acceptance, supreme mundane quality，「煖」的藏文拼音為drod，「頂」的藏文拼音為rtse mo，「忍」的藏文拼音為bzod pa，「世第一法」的藏文拼音為'jig rten chos mchog，加行道的煖、頂、忍、世第一法四位，英文稱為the four aspects of ascertainments on the path of joining。

這五根在個別圓滿或轉化為力量之後，也稱為五力（five powers）。44如此了證「專一」的三個階段之後，你已經圓滿加行道，而達到「離戲」。由於已經見到過去未曾見到的了悟真實諦，你已經達到「見道」。

波羅蜜多乘教導，行者於此時要修習七覺支（seven bodhi-factors）。但在這裡，七覺支是自然現起的。換言之，安住於法性（Dharmata）的狀態中——如是的本然狀態，即是三摩地覺支（定覺支）。禪修中不混入干擾的情緒，即是完全抉擇現象覺支（擇法覺支）。由於那些要經由見道而斷捨的染污，只需憶念此三摩地即可自然淨化，這是正念覺支（念覺支）。離於懶惰和散漫，這是精進覺支（進覺支）。由於受用無緣大樂，這是歡喜覺支（喜覺支）。由於所有要斷捨的對境都淨化了，這是柔軟覺支（輕安覺支）。由於了悟輪迴與涅槃平等無二，這是無偏頗覺支（捨覺支）。如此而圓滿這七種覺支。

教法並進一步說，你會獲得見道位的無量功德，以及無量的三摩地門。

44 譯註：丁福保《佛學大辭典》云：信等之五根：一信根，信三寶四諦者。二精進根，又名勤根。勇猛修善法者。三念根，憶念正法者。四定根，使心止於一境而不散失者。五慧根，思惟真理者。此五法為能生他一切善法之本，故名為五根。五力為一信力：信根增長故，能破疑障。二進力：進根增長故，能破懶怠。三念力：念根增長故，能破昏忘。四定力：定根增長故，能破散亂。五慧力：慧根增長故，能破愚癡。

有些大師認為，在修行者圓滿「離戲」三個階段並達到「一味」的那一刻，即已證得「修道」位和初地。大部分其他的大師則同意，在見到「離戲」的體性並生起「見道」位之後，座下的後得即是證得初地。由於個人的根器程度各有不同，顯然是無法做固定的概論。因此，毫無疑問地，有各種各樣通過這些道位的範圍和速度。

如此生起「見道」位的真實了悟，稱之為「地」（bhumi），因為它是一切善根功德的來源，或構成一切善根功德的基礎。《大方廣佛華嚴經》（*Avatamsaka Sutra*）教導：

> 一旦證得菩薩地，你便離於五怖畏：
> 離於傷害、死亡、下墮惡趣之恐懼，
> 離於身處於輪迴、焦慮不安之恐懼。

如此，十地的功德一再、一再地增長。

證得初地之後的期間，稱為「修道」。何以故？稱其為修道（修習之道），是因為讓自己熟習於「見道」的自性。

此時，你開始進入八正道（eightfold noble path）。於「修道」上，你在禪修中主要修持無所緣的三摩地，而在隨後經驗中則修持被視為有所緣的八正道。哪八種？正見、正思惟、正語、正業、正命、正精進、正念，以及正定。簡而言之，這八正道只不過是此一圓滿本性的各種成就，它們全然具有種種的功德，而這些功德是在下述道地的果位之上，屬於特別崇高者。

十地

十地中的初地稱為「歡喜地」，因為對於特殊的功德產生極大歡喜的緣故。經由無概念、無生起的禪修狀態和如幻的後得狀態，你主要以修持布施波羅蜜多而行度道途，為了利益有情眾生，即使犧牲頭或手、足等也沒有絲毫恐懼或懦弱。如此，共乘在結合十地而依序教導十波羅蜜多方面，確實有非常詳盡的解說，而在這裡則如下述。

由於在「離戲」的下品階段，三摩地之喜大為增長，你達到初地的「歡喜地」。離於那些要經由「修道」而斷捨的染污，你達到第二的「無垢地」。透過了悟的力量成就眾生福祉，你達到第三的「發光地」。

在「離戲」的中品階段，殊勝的佛功德更進一步增長，你達到第四的「焰慧地」。由於了悟空性與慈悲的合一，難以淨化的一切習氣染污都得到淨化，你達到第五的「難勝地」。

了證上品「離戲」之時，由於了悟輪迴與涅槃皆為無生，你達到第六的「現前地」。根據教法，到此為止的菩薩地，與聲聞乘和獨覺乘是共通的。

於此之後，禪定與後得、輪迴與涅槃等二元的經驗，大部分都以合一而解脫，故此「一味」了證的開始，即是第七的「遠行地」。

到了中品「一味」時，於有待了悟的正確正念之中如如不動，你達到第八的「不動地」。而在如幻的二元經驗等極細微染污之外，其餘染污都已淨化，此時你達到上品「一味」，即第九的「善慧地」。

當這細微的二元經驗也自然淨化時，一切道與地的功德便都已圓滿。不過，此時仍然保有二元知見的遮障，也就是執念的串習，這是遍基識所殘存的極細微染污。於此，這時是在「無修」的下品和中品階段，相當於共乘體系中所稱第十的「法雲地」。到了這個時候，你便具有等同十地大菩薩的功德。

佛果

此時，細微的二元認知習氣——不了知無概念的本性，此一染污也消融入於大自有的自明了之中，也就是如金剛般覺智的體性，你便永遠脫離一切的障蔽。對於真如（suchness）自性和一切存有的覺智之力，以及智慧、大悲、力用之力，都已完全圓滿。外乘和共乘將此時描述為殊勝的圓滿道，即正覺佛果的真實狀態，以大手印的內涵來說，稱之為上品「無修」。

根據共的密咒乘（general Secret Mantra），現在你已經脫離業障、煩惱障，以及習氣障，因此已無要修習、要旅經、或要了悟的道途。然而，就功德增長的特定程度來說，還有第十一的「普光地」以及第十二地的「無貪蓮花地」（Lotus of Nonattachment）。於此瞬間至彼瞬間之中了悟這兩個殊勝的內在菩薩地，也就是在圓滿自利的法身之後顯現利他的色身，此後直至輪迴空盡之際，你將不間斷地成就眾生的大安樂。這是稱為第十三的「金剛持地」（bhumi of the Vajra Holder），也就是佛果。

只要這些道位或菩薩地還有要行度的更高境界，就稱為「有學道」（Paths of Learning）。當達到究竟，已無更高境界可至時，就稱為「無學道」。因此，十三地的「金剛持地」是密咒乘內續的最終果實。[45]

45 譯註：密咒乘即金剛乘，依寧瑪教派對於佛陀教法由基礎至深奧所分的九乘，而有共與不共、外續與內續之分。九乘次第分別為顯宗的三「共因乘」（聲聞乘、緣覺乘、菩薩乘）、密乘的「外三乘」（下三部：事部、行部、瑜伽部）與「內三乘」（上三部：摩訶瑜伽或稱大瑜伽、阿努瑜伽或稱無比瑜伽、阿底瑜伽或稱無上瑜伽或大圓滿）。

功德

這些菩薩地會伴隨哪些特殊的功德呢？證得初地時，你可以同時前往十方的一百個化身淨土，親自拜見一百位佛陀，並聆聽佛法。你可以同時行持一百種不同的布施，例如毫無猶豫地犧牲生命或手足、王國、子女、妻子。你可以同時放射一百種不同的光芒，收攝白光時同時放射紅光，以藍光圍繞時同時散發黃光，照耀出許多光芒的同時也收回一些光芒，諸如此類。你可以同時依據一百位弟子不同的資質、根器和傾向，同時教導一百種法門。你可以同時進入一百種不同的三摩地中，例如「勇行定」、「調伏定」（Samadhi of Subjugating），以及「獅子威定」，這些都已由勝者於《般若波羅蜜多經》中教導。你可以同時顯示一百種不同的神妙，例如在天空飛翔或穿越土地，於山岳或岩石之間行走無礙，並且不會落水而溺。你也可以從上半身放出火焰，並從下半身放出水流，反之亦然，還能造作種種幻相和神變，由一變化為許多形相，或由多個形相收合為一。這些是你所能自在掌控的七種乘以一百倍功德。[46]

依此循序漸進，到了二地的時候你會具有七種乘以一千倍的這些功德，三地時具有七種乘以一萬倍的這些功德，四地時具有七種乘以十萬倍的這些功德，五地時具有七種乘以一百

46譯註：《大方廣佛華嚴經》所述初地菩薩的功德之一；其後，每上一地，功德即增十倍。

萬倍的這些功德，六地時具有七種乘以一千萬倍的這些功德，七地時具有七種乘以一億倍的這些功德，八地時具有七種乘以十億倍的這些功德，九地時具有七種乘以一百億倍的這些功德，十地時具有七種乘以一千億倍的這些功德，十一地時具有七種乘以一兆倍的這些功德，十二地時具有七種乘以十兆倍的這些功德。在證得金剛持的十三地果位時，將具有無量無邊佛果三身自性的殊勝功德。這個自性超越概念思維的限制，無人可以衡量得知。

功德如何顯現

此大手印之道，是諸乘門之峰，完整包含了共乘中教導的五道和十地，且不相混雜。因此，以事物的自性來說，正確了悟四種瑜伽的人，將逐漸或於剎那間圓滿這些道位與果地的所有功德。但是對於一些人而言，這些功德並非從表面上具體可見而能感知。這是密咒乘之隱密、短近修道的性質。大部分的鳥類和野獸於母胎中出生之後，必然要發展身體的力量，才能逐漸變得與牠們的母親一樣。鳥類中的主宰者大鵬金翅鳥（Garuda）[47]，或是對等的野獸之王獅子，則在卵或胎中即圓滿其力量，但他人卻並未得知。一旦出生之後，由於已完全發展其力量之故，便能夠立即獨自行動，例如與母鳥一同在天空飛翔。

47譯註：舊譯「迦樓羅」，詳見詞彙解釋。

同樣的，只要修行者依然受到肉身軀體的束縛，了悟的徵兆便無法以肉眼可見的方式顯現。但是在其後，隨著身體軀殼的分解以及佛果的成熟、功德的圓滿，了悟的徵兆將會同時發生。

儘管如此，許多人因專注於方便與智慧合一道的要點，而可在仍住於肉身軀體之內時，即以肉眼可見的方式顯現修道的徵兆，例如神妙的事蹟和預知的能力。但實際而言，若未對空覺不二（sameness of space and wakefulness，虛空與覺智的同一）、自心超越概念思維、事物體性的本然狀態，以及真實的內在本具覺智獲得自在，有些所謂的成就者便會受傲慢之魔所支配，貪戀自己修行了得而自滿得意，將生起次第與圓滿次第、脈氣明點等修持中所獲得的僅僅零碎成就徵兆視為殊勝。他們只是將自己和他人帶往下三道。由於現在到處都可見到這類的人，故而所有聰明的人啊，你們當要謹慎！

第七章：增益

如此簡述見地與禪修、五道與十地之後，接著要約略講解如何修習行持，以作增益（enhancement）修用。

密咒乘大部分的修道，提到這三種不同的行持類型：有戲論行持（elaborate conduct）、無戲論行持（unelaborate conduct）、極無戲論行持（very unelaborate conduct）。此外，也有密行（secret conduct，祕密行持）、聚行（group conduct，團體行持）、明禁行（awareness discipline，明覺戒律）、勝御方行（the completely victorious conduct，完全勝利行持）等等。雖有許多這些類別，但它們大部分是作為生起次第與圓滿次第的共同增益。於此，普賢行（Ever-Excellent conduct）——保持內在本有離於概念心的本然模式，單獨這一項修持就很重要。

首先，即使在積聚資糧、淨除遮障、領受加持方便的初步階段中，你都應該勤修不受世間八法（eight worldly concerns）所染且問心無愧的普賢行。

接著，在對正行部分的見地與禪修獲得確定性、且已清楚何為自明了之後，你應勤修「知一而善巧於萬」及「知萬而能解脫此一」的普賢行[48]。這是從內在將你的許多計畫全盤摧毀，並斷除（cutting through）你心中猜疑傲慢的方法。

最後，雖然各種具權威的典籍（authoritative scriptures）和口訣教言都已教導各種行持以增益個人的修持，但關鍵要點則如下述：徹底斬斷你對世俗的貪戀，並獨自一人居住於隱密僻靜的山中關房，這是有如受傷之鹿的行持。面對困難而無有恐懼或焦慮，這是有如山中戲耍之獅的行持。離於對感官享樂的貪戀或攀緣，這是有如空中之風的行持。不要捲入迎、拒世間八法的束縛之中，這是有如瘋狂之人的行持。單純而不受限地保任此心的自然流動，同時不受二元執念的束縛，這是有如將矛刺入虛空的行持。

在做這些行持時，要斬斷顛倒妄念、散亂分心、恐懼與希望的鎖綁。若於內在仍有那麼一絲落入期盼獲得徵兆和跡象、覺受與證量、悉地成就等的過失，就算它微如毫髮，你將什麼也得不到，而只會遮蔽了你真正的情況、你本具的狀態、法身的本然面貌（natural face of

---

48 譯註：the ever-excellent conduct of being skilled in all by knowing one and knowing all that liberates one。見道中的五勝行，又可分為普賢行、秘密行、明禁行、資糧行、尊勝行。另還可分為有戲論的二十一空行、無戲論的五空行、極無戲論的三行等。

dharmakaya）。全然專注於保任無構想的內在本性，這是將萬法帶入道上的最卓越普賢行。

不論暫時發生任何的困難，例如概念的思考、煩擾的情緒、痛苦、恐懼、疾病或死亡，都要將這些帶入道上而做為本然大手印修持的正行部分，既不希望、也不倚賴藉對治而獲益的某些其他方法。這是一切增益修持之王。

能夠如此修持的人，將於輪迴和涅槃、顯相與存有的一切獲得自在。因此，依事物的自性而言，你將離於障礙的任何基礎，悉地成就的大海將流洩滿溢，二種遮障的黑暗將得以清除，成就徵兆的太陽將照射十方，你將於自心之中找到覺者佛陀，而利益他人的寶藏將廣大開啟。

反之，若是見到禪修者把已置手中、僅此一便足夠的珍寶（single sufficient jewel）獨獨丟棄，像個採摘花朵的孩子那般，費盡一生的時間不斷期望還有更好的出現，那真是絕望之因啊！

大手印之燈

《真實顯明諸法精藏大手印之義·無垢明炬論》

第三部 果大手印

第八章：佛果三身

簡略說明了基和道，以及見、修、行的性質之後，我將以第三個重點做為結論：解釋果大手印的意義，三身無別（inseparability of the three kayas）或三身合一（unity of the two kayas）。

法身

當天資良好的修行者見到了基大手印的本然面貌、內在的本具狀態，並因專注修持道大手印的要點而於修持中圓滿了見地和禪修，此時他便已了悟最終的果大手印——究竟的法身。

法身的體性是自明了以及無造作的本來覺智，不變且無增、無減，自始就在三界一切有情眾生的心續之中。這正是要透過修持而了悟的，也是修道的甚深要點。除了這個覺智之外，再也沒有其他要顯現的，並無新出現或前未有的佛或法身。法身的特性如下：

由於具有如實了知自性的覺智（wakefulness of knowing the nature as it is），以及具有了

知一切存有對境的覺智，因此說法身具有二種智慧。由於（法身的）體性自始即全然純淨，且暫時的俱生染污已得淨除，因此說法身具有二種清淨（twofold purity）。實際上，法身離於不了知或不感知一切可知現象的染污，並已完全圓滿所有層面的良善功德。

法身此一無阻礙的示現、覺智的顯現，便使報身與化身此二身生起。

七支和合

這三身具備「七支和合」（seven aspects of union，相合為一之七種層面）的功德。是哪七種呢？

（一）受用圓滿支（aspect of enjoyment）：受用的層面，是因為恆常不斷運用深、廣的法輪，以及運用於色究竟天（報身淨土）中一切大菩薩眾密咒之故。

（二）和合支（aspect of union）：合一的層面，是因為相好莊嚴的智慧身與其白然光輝的佛母和合雙運之故。

（三）大樂支（aspect of greatbliss）：大樂的層面，是因為無緣大樂無有止盡之故。以上三者是報身的特別表徵。

（四）大悲遍滿支（aspect of being totally filled with compassion）：大悲遍滿的層面，是無分別概念的大悲，如虛空般涵攝一切之故。

（五）永住無滅支（aspect of continuity）：相續的層面，是指自然而然、無分別概念地示現廣大的事業，直至輪迴窮盡之故。

（六）利生無間支（aspect of uninterruptedness）：無間斷的層面，是不住於涅槃的寂靜邊之故。這三者是化身的特別表徵。

（七）無自性支（aspect of absence of self-nature）：無自性的層面，由於空性與悲心的結合完全離於意念構想，因此沒有自性之故，這被視為法身的特別表徵。如此，三身具有這七種層面。

報身的八種自在

此外，教法說，三身有八種自在功德（eight qualities of mastery）：

（一）以所需方式調服一切需要調服的眾生，具備與此相關的一切層面，是於身得自在。

（二）以無止息而旋轉的法輪調服一切需要調服的眾生，是於語得自在。

（三）具備無分別概念的大慈悲，是於意得自在。

（四）隨心所欲的無礙神變力，是於神變得自在。

（五）真實證悟輪迴與涅槃，以及三時同等一味，是於遍入一切得自在。

（六）即使面對量如三十二座須彌山塵沙數的供養天女獻上種種感官享樂，仍然不受欲望所染，是於原欲得自在。

（七）根據眾生的願望，如滿願寶般圓滿眾生的一切所願和所望，是於賜予一切所欲得自在。

（八）相續以三界佛法之王相安住於色究竟天的法界宮（Dharmadhatu palace of Akanishtha），是於居處得自在。具備這八種自在，是報身功德的其中一種描述。[49]

49 譯註：一般來說，報身八自在功德為身自在、語自在、意自在、神變自在、遍入自在、住德自在、原欲自在、令他生心自在。法身十自在為壽自在、心自在、眾具自在、業自在、生自在、勝解自在、願自在、神力自在、智自在、法自在。

化身

化身是法身與報身不可思議的化現。由於其為調服眾生而化顯，便如月影投映在任何盛水容器之中（千江有水千江月），何處有眾生、便有應化身。化身的顯現無數、無量，以各種方式調服需要調服的眾生，不論是由造作的化身、轉世的化身，或偉大證悟的化身等所來，都稱為一切諸佛身、語、意秘密的無盡莊嚴輪。

成就三身之因

現在於修道上專注於大手印究竟空性的要點，其實際的果實便是成就法身。而其附屬的部分，即方便善巧的層面，則將單純透過開展菩提心、進行祈願等的力量，而成就化身。經由修持甚深生起次第的緣起，能證得報身。如此，藉著精勤於這些修持所產生的力量，且並非以分別或零散的方式，而是以方便與智慧合一的方法——即圓滿的大「三輪體空」（threefold purity），你將於三身無二無別的體性中獲得穩定性。[50]

這裡說明的三身，以及四身（four kayas）或五身的諸多分類，都是對各種功德或作用所

50譯註：無作者、受者、所作之分別。

賦予的不同名稱，但他們全都是一體的。簡而言之，他們只不過是你自心的當下體性、自性，以及表述（展現），而它們這些在果地時，就稱為三身。

摘要

以此內涵而言，因乘（causal vehicles）和咒乘的下部密續（lower tantras of Mantra，外三密）包含了無數的釋論和體系，這些釋論和體系依循特定的觀點以及為其他目地而設或有隱藏意圖的引述：法身是否有臉面和手臂；其所在的域界是否可作示現；佛陀是否有源於其自己相續的智慧；以及二種色身（two rupakayas）是否有作為個人經驗（personal experience，自顯）的感受等等。這許多辯論的主題，加上證明與駁斥，確實看起來頗為複雜。但是，雖然這些主題以個別的內容而言確實都是成立的，但在此處——所有乘門的精髓，修行者無需仰賴對於下乘見地的立論。

此處的意義是「與更高的法教並行不悖」。這個意義的用意為何？輪迴與涅槃、顯相與存有、真實或不真實、存在或不存在、真諦或非真諦、生起或滅止、來或去、永恆或斷滅的一切現象，不論哪一個都不作理解、不加攀執、不予駁斥，也不以立論。認為這些現象不存在的人，即是落入斷滅的極端邊見之中；而認為它們存在的人，即是落入恆常的極端邊見之中。如果你思惟：「它們既非存在，亦非不存在！」這種想法，也沒有超越意念的造作。所以，如果他人的感知之中存在著某些覺受，就讓它存在，因為無阻礙的感知是無竭、無盡的，而緣起的相應是無過、無誤的。如果某些事物在其他人的感知中並不存在，那麼就讓它不存在，因為就體性而言，這些事物從未離開過空性——不具有任何存在的本性。如果某件事物被認為既非存在、又非不存在，那麼就讓它成為真理，因為它不落於極端之中，且不侷限於任何類別。

不淨眾生以其迷妄的習氣和業感，將顯現為外在世界和眾生的一切事物感知為物質體和堅固的五大元素（five elements）。修道行者將一切事物看成是他們自心永不停息的顯現。諸佛菩薩則將事物看成是自顯覺智的域界。究竟而言，萬事萬物也只是自心體性的幻化顯現而已。

同樣的，各種心智狀態的一切內在認知行為和念頭，對於不淨的迷妄眾生而言，其本質是業力、煩惱，以及習氣。對於在修道上的行者而言，認知行為是不同層面的見地和禪修、覺受與了悟。最後，對於具有三身的善逝佛眾，認知行為是了知與慈愛的智慧展現。

雖然在基位的本然狀態中，連一粒微塵的差別都不存在，但差別在於這本然狀態是否被完全包覆於暫時的概念遮障之中（全遮，如一切有情眾生），是否被稍微遮蔽（半遮，如修道上的修行者），或者是離於所有遮障（無遮，如諸佛）。

因此，唯一最重要的關鍵點，是在大手印的狀態——你自己無造作的心之中，鬆坦安住。這個根本自性（過去）未曾被超越、（現在）非正在超越，且（未來）將絕不超越基、道、果的體性，二身的雙運（the union of the two kayas），或三身的無二無別（the indivisibility of the three kayas）。

有些人以他們受因緣制約的智力，對這無所緣的自性加以增損（誇大或否定）。他們攀執於有限的語言，依附著不同的派別學說而進行辯論，如此試圖要理解天空的大小，實為幼稚。因此，就安住在無構想的本然空界其遍入一切的大平等中。那麼，毫無疑問地，在超越了旅程與旅人的概念之後，你將在具有四瑜伽、十地、五道、三身而任運自成之果的自性中解脫。

後記（跋）

嗟吹！
這自始本來自在、如來藏的自性，
任運自成三身的佛果，
便在一切眾生之中，就連極微蟲蟻皆具，
雖然受到無明遮蔽，但卻無時無刻都在。

雖然教導了數量等同應調服眾生數目的法門，
但眾生仍因個人的不淨觀而顛倒迷妄，
步入錯道、邪途、歧路之中而受綁縛；
能走上殊勝圓滿道者，如優曇婆羅花般稀少。

（見）雖超越邊見卻受到對邊見的執念所困，
（修）雖在自身內卻未認出，有如貧者之寶，

（行）雖自顯現且無造作，卻為造作所損毀，
不能如實認出事物的自性，是多大的錯誤啊！

權勢財富者癡迷於自身的福報。
自誇博學者堅硬如奶油的表皮。
愚癡禪修者固守於僵化，彷彿欲從沙粒榨油，
那麼是誰具有本然狀態的大手印呢？

哀哉！
經部和續部的殊勝教法，有如日月彼此呼應，
現在卻只展現了一部分，
有如日落於西方後雲端上的赤紅光輝；
為了此生而將這些暇滿拋入水溝，意義何在？
居住於無人山中的幽靜之處，
僅僅依靠粗食淡飯維生，

同時看著內在本然面貌，這極致的永恆目標；
這不就是實修傳承的傳統嗎？

現今，聲稱利益教法的行為卻造成教法衰微，
且努力並非是為了證得真正的真理而做；
有誰會需要、或誰會珍視
像我這種人所寫的零散雜記？

我房內或許充斥著潦草文稿，
自己沒需要，他人也不欣賞。
甚至連一個人的心也無法調服，
它們只不過是紙、墨和讓我手指疲累的勞動。

由於無法拒絕某人的請求，
他長期以來一直堅持請願，
我僅因冒昧放肆說了這些，

而缺意義一致的完美文辭力量。
不具精通文字表達的抉擇能力，
並且尚未了悟所述的偉大意義，
這篇著作豈能在成為
學者和成就者的嘲笑對象之外另有一番作為？

儘管如此，這綻放白蓮的美麗花鬘，
以崇高發心所照，無惡意企圖所遮，
或可就成為在如我這般單純而有志的禪修者
雙耳上的飾物。

藉由撰寫這篇著作的功德，
以及輪迴、涅槃、修道的一切有緣無緣善德，
祈願實修傳承的教法廣傳十方，
祈願一切眾生證得大手印之果。

長久以來，勉貢（Mengom）的持明者促真桑波（Tsultrim Zangpo）不斷地來函請求：「懇請您為了義大手印的修行者們，就修道中各階段的增益及徵兆，寫下廣、詳的必要解說書籍。」但是由於實修傳承祖師們的著作合集中，早已有數不盡的這類書籍，既深奧又詳盡，並無需再另外撰寫一冊。

然而，我實在是受惠於許多慈悲皈依上師的慈愛眷顧，並且已領受下列各部著作所傳授的甚深大手印教法，包括：

俱生和合（*Uniting with the Coemergent*），四字（*The Four Words*），恆河大手印（*Gangama*），無字（*The Letterless*），表徵之根（*Root of Symbols*）的教導以及成就精要（*Essence of Accomplishment*）的教導，不可思議秘密（*Inconceivable Secret*），光照智慧（*The Illuminating Wisdom*），五支（*The Fivefold*），滿願寶（*Wishfulfilling Jewel*），要點六釘（*Six Nails of Key Points*），以及新譯派（New School）[51]諸多其他直指的著名教導。而在舊譯派（Old School）方面，上師們慈悲地賜予我無拘廣界大手印（*Mahamudra of Unconfined Vastness*），日輪（*Circle of the Sun*），單一生起覺性（*Single Arisen Awareness*），除無明闇

51譯註：專指從譯師仁欽桑波時期開始所出現的藏傳佛教派別，相對於舊譯派的寧瑪教派。

（*Dispelling the Darkness of Ignorance*），直觀本具（*Directly Seeing the Innate*），以及諸多其他伏藏教法。

雖然我領受了所有這些教法，但並無編撰這類著作的能力或勇氣。我在業力、煩惱、散亂的浪潮上載沉載浮，以致心中絲毫未對這些教法的意義生起任何片段的覺受或了悟。

但是，我全心乞求所有才智聰慧的人們，莫要輕忽由我這處於深闇的盲人，只為不讓求墨之人失望所寫的這些文字。

以此善德，祈願虛空中的一切眾生，我過去生世的母親們，都能在這一生之中獲證無上正等正覺的殊勝佛果。

願此為善！

願此為善！

願此為善！

核心之要

《如實宣說修習了義見與修之要・金剛匯合論》

引言

確吉．尼瑪仁波切（**Chökyi Nyima Rinpoche**）

圓滿的釋迦牟尼佛根據吾等弟子眾的各種不同根器與意樂，而為我們轉動無盡的法輪。所有這些教法的精華所在，是於「三轉法輪」所傳，稱為「完整而全面揭露的最終法教」。這是金剛乘對此了義（究竟義）的趨入方式，以果為道，並示現應用其見地與禪修方式的關鍵要點。將此了義帶入我們經驗之中的訣竅，可見於《金剛匯合》（*The Unchanging Convergence*）一書，也就是英文稱之為《核心之要》（*The Heart of the Matter*）的這本書。

作者策勒．那措．讓卓（Tsele Natsok Rangdrol）出生於西藏雪域。他首先透過聞、思而揭示了關於一切事物的應知要點。經由禪修而帶來了證之後，他成為偉大的學者（班智達）和成就者，並是一位博學而具成就的上師。

在他各種的不同教導之中，《核心之要》既簡要且易理解。這篇著作不僅包含佛陀說法的一切要點，尤其還清晰精確地完整涵蓋見、修、行、果的了義，以便讓這些修持能在我們心中產生效益並成熟。

我個人認為，《核心之要》包含了極為珍貴且關鍵的開示。隨著這個版本的問世，我祈願每一個衷心想要修持佛陀無垢教法的人，都能對它的意義了然於心並正確運用。這不只會清除你內心的所有過患，也會讓你準確了悟內在的本有覺智——於我們每人之中的真實本然狀態。它與大手印、大圓滿和中觀（Madhyamaka）的見地並無不同。祈願有緣者迅速證得金剛持的雙運果位（the unified state of Vajradhara）[52]！

請珍惜本書，將其視為口訣教言，並視為完整無誤的直接道路。請盡你一切所能，將其意義融入心中。薩爾瓦 芒噶蘭（Sarva mangalam），願一切吉祥！

52 譯註：當代大堪布慈誠羅珠上師在說明三士道的解脫利益時開示：「大士道行人依靠的乘是佛教中的大乘，發心是菩提心，善根是大乘隨解脫分的善根，也就是指遠道的二資糧、近道的生起次第圓滿次第、捷徑的本來清淨直斷和任運自成頓超，見解是三大的見解，證悟如此三大的見解，修行達到究竟時，獲得顯宗所說的佛果，密宗裡講的雙運金剛持果位。」

斯瓦斯諦　般若比亞[53]

對於這自始以來即全然純淨的覺醒心，
無造作而本具有的俱生法身，
其是數量難思之萬法的本性，
因了悟此任運自成的本覺上師，我今作頂禮。

如來藏以一切眾生的自性而在，
但由於俱生無明之故，
眾生不斷遮蔽自己而沉沒於輪迴海中。
為令其迅速解脫，我將解說最祕密的甚深道。

由於懼怕下三道的痛苦深淵，
不貪著歧道或聲聞、獨覺的寂滅，

53 譯註：Svasti Prajnabhya，梵文音譯，可能是對寂靜般若的吉祥禮敬。

憑著於此生即證圓滿佛果的願望，
明智而具上上福報的人們啊，進入此修持吧！

稱為某名者所發的願望多麼美好，
他請求我：「請以大手印、大圓滿、中觀的見地和禪修
宣說根本修持的關鍵要點！」
因此我提供這小小的答覆。

三時的勝者，
轉動不同法輪的唯一目的，
便是要將一切有情眾安置於佛果。

但因所需調服的眾生，心智與福報各不相同，
用來調服他們的教法也不盡相同。
由於這一切都是勝者的佛行事業，
因此教法其實並無好與壞的差別。

然而，為了作為修道依止或修道本身，
或者為了讓汝等與實相之果建立緣結，
這些稱為上、中、下乘門的聞名法教，
全都能引領至證悟，因此這些法教皆為相同。

但因大乘屬於捷道而有特殊功德，
故而大乘極為殊勝。
然而較其更殊勝者，還有密咒乘之道，
甚至更為無上並且獨特難思。

基、道、果——
雖然教導了這三者，
輪迴與涅槃仍如三身廣界般無二無別，
基和果是為一味而從未分離。

儘管「基」離於迷妄，

但因暫時不知此事實，
為了去除這無明迷妄，
因此教導「道」的諸多修持。

這些修持的體性包含見地與禪修兩者。
但首先唯一最重要的是，
要認出見地的真實意義。

見地可分為許多的類別，
例如一般凡夫未經學習的見地，
以及邊見學者執持的錯解見地，
由於這些都無法引領達至證悟，
此處我便不加詳細描述。
若你想要知道各家細節，
則要群覽新舊譯派的諸多〔經、〕續典籍
以及所有偉大的論著。

至於小乘聲聞和緣覺的見地，
聲聞行者雖了知人無我，
卻不知法無我，
故而將所感知對境執以為實。

緣覺行者藉由對空性的了解，
能了悟所感知對境其實無我，
但未了悟能知者本身也無我，
因此仍屬迷妄。

聲聞和緣覺的禪修法，
以專注和寂滅為修持。
雖然行持五波羅蜜多，
但未以般若波羅蜜多此毗婆舍那來攝持行止，
因而教法說如此有誤。

大乘的菩薩道教法中，
有唯識派以及中觀派。
唯識又分為實相（True Image）和虛相（False Image），
且聲稱其見地為輪、涅唯心。

中觀自續派的追隨者，
承許二諦合一為見地，
中觀應成派的追隨者，
則教導見地離於主張。

然而諸派皆先立論、後修持，
藉由智慧的觀察，
使禪修自我覺知且自然明了，
此即明、空不二。

透過勤修自利與利他這兩種安樂，

諸派的行止是依十波羅蜜多而達到成就。
其果實︹僅出現於︺三大阿僧祇劫之後，
教法說，即是證得無上正等正覺。

事部和瑜伽部等外續追隨者，
所持見地為超越四邊的清淨，
以結合生起圓滿次第為禪修，
行止則保持潔淨且崇敬本尊。
教法說，藉由持守個別的三昧耶，
於七或十六個生世之後，
他們可證得佛果的五身。

內密續無上瑜伽部的追隨者，
以空性覺受為見地，視情器世間為神聖。
於生起和圓滿合一之中禪修大貪和度脫，
並藉四種灌頂的絕妙道而進入上述禪修。

他們透過極清淨事業等等行持，
亦即共與不共的雙運和解脫之
不可思議的善巧方便，
僅於一生之中即證得
成就自他二利的共與不共之果。

*

經、續部的無數典籍與釋論中，
皆能見到這一切高、低法乘之
個別的見地與禪修次第，
因此，像我這種人在此講說這些，有何用處？
整體來說，我沒有什麼學習，
再說，對於中觀、因明和般若波羅蜜多等經典，
我也沒什麼聞、思。
既然不熟悉其特定見地，若我還堅持，

恐怕只會引發博學者的輕視。
但出於對不可思議之法界的真誠意樂，
我就無需再作辯解。

*

在這裡要解釋的議題核心，
新舊譯派的大多博學成就者都曾一致教導，
亦即咒乘與經乘間的差異
不在於見地，而在於修持
善巧方便的要點。

有些人宣稱這兩者差異甚大，
但是這個老愚人發現，
根本要點之關鍵在於
雖然見地的性質相同，
差別只在是否有形成分別概念的態度，

或者是否有個人看法和執念。

有關於某物為空性或非空性，
有邊界或無邊界的種種宣稱，
雖然它們並無定義式的特性，
但其以細察和概念化的方式，
試圖在智識上立論，
教法從未說這是大手印和大圓滿的見地，
而相信「它沒有邊界！」或「它就是空性！」
只不過是偏離見地。

與其把心所造的假設抱持為見地，
不如藉由赤裸認出自明了的覺智，
了悟你那難以言詮又無形無狀的本具自性，
是為如實的基本狀態。

*

（佛陀）在《般若八千頌》（*Noble Eight Thousand Verses*）中說：

「須菩提，如是，此出世智全然安住為誠難思議之行，故而非屬凡念。何以之？因無（分別）意、想之相故。」

佛陀曾如此教導。此外，帝洛巴提到：

嗟吹！此自明了之覺智
超乎言語，且意念難及。

梅紀巴（Maitripa）曾說：

萬法皆無我。
執持萬法為空的分別心自行消融。
離於概念且心中無有執持，
此乃一切諸佛之道。

眾生怙主香仁波切（Shang Rinpoche）曾說：

如果你想要了悟見地——萬法的自性，
就不要注視見地，只要將那察看之行丟棄。
當你離於見或不見的框架時，
捨棄有所為，就是達到究竟的見地。

龍甍空行（Khachö Lutreng）曾說：

「此有邊界！」「此無邊界！」等等——
如此明顯斷言的見地會把你包圍在邪見中。
在單純如是的平常見地中，
你並未見到任何「東西」，然而卻已見到。

他繼續說：

博學者的兩種真理
或許邏輯充分且引經據典，但卻錯失重點。

將它一分為二，破壞了無二，
並且使得迎受和拒斥的概念機器轉個不停。
這類的引言多到數不清。

*

彌勒菩薩與文殊菩薩在其傳承的偉大車輿之中，
闡明了佛陀二轉與三轉法輪的本願。
而名為中觀與唯識的哲學體系，
乃屬於其後繼者無著（Asanga）、龍樹等大菩薩眾，
於此之中，怎可能有任何謬誤！

這些論述與大手印和大圓滿的義理
雖然沒有絲毫的相違，
後代卻有許多假冒學問淵博的人，
以個人所創的學說染污中觀和唯識學派。

他們以種種論點證明或推翻基本的哲理，
不論對此立論見地有多高深莫測的理解，
都無法帶來對自有覺智單純如是的了證，
遑論要證悟成佛。

但若連最低限度的消滅煩惱都還做不到，
卻因智識主張而自我膨脹，且因學問淵博而傲慢自大，
則是用佛法來投生惡趣而將走向災難。

偉大的婆羅門薩拉哈說：

那些不盡情飲用
如甘露般清涼解渴之上師口訣的人們，
只會在無數釋論的沙漠曠野中
受乾渴所折磨。

*

因此之故，
切莫追逐或貪戀只由文字所證明的見地，
而應親自開始修持深義傳承的見地禪修，
這才是最根本的要點。

*

你或許納悶，那些作為禪修前奏的各種尋心法，
是否屬於一種概念化的分析形式。
嗯，不是的。因為它的來、住、去，
都是由禪修所獲的智慧而了悟，
是憑藉上師的加持，且是在你沉靜平穩的心中，
而非更替變遷的智識所可追尋。

經由無數思辨和長串反駁
所形成的枯燥概念化理論，
無論如何也無法和見到自心本性相提並論。

＊

那麼，現在你可能會困惑：「透過這些甚深道傳承而見到自心本性的真正見地，到底是什麼？」

＊

中觀——二諦相融而超越邊界，
大手印——無造作本然狀態的基本覺智，
大圓滿——本初清淨的本始普賢王如來，
全都一致同意單一的同等意義。
這個一切眾生內在都具有的心，
其體性是本始空性，非由任何事物所做成者，
其自性是無礙覺受，可覺察、能了知。
它們的相融不二，非智識者所能揣測，
超越有或無、存或不存、永恆或斷滅等表徵。

自始即任運自成，然非由任何人所創，
此一自有且自顯的本然覺性，你的基本狀態，
它有著各種不同的稱呼：
在般若波羅蜜多乘稱為內在實相。
在密咒乘稱為本自光明。
在有情眾生稱為如來藏，
在修道上有描述見、修等的名稱，
而在成就果地時則稱為佛果法身。
所有這些不同的名稱和分類，
都只是這當下的平常心。

*

未受迷妄所損之前，稱為本初清淨。
因染污而迷妄且遮蔽時，稱為遍基。

在你認清迷妄之不實的當下，稱為見地。
無散亂地保持此一認清，稱為禪修。
行住坐臥之中皆無迷妄，稱為行持。
當習氣和迷妄都清淨時，稱為證果。

如此，單單這一個心的本身，
就因基、道、果的不同情況，
而被冠以無盡的名稱和分類。

諸佛以無礙辯才所宣說的如海法語，
全都只為了要〔眾生〕了悟此心性。
但眾生仍然昏亂愚癡，
對著這一切名相和文字而混淆困惑。

由於明、覺、空的無分無別，
心之本身不抱持能見者與所見者的二元性。
看見這一點，即稱為了悟見地的本然狀態。

若將真實傳承的加持、虔敬的要素擱置一旁，
既不圓滿資糧，也不淨除業障，
那麼就算記憶清晰、學識廣博，
且觀察入微，仍無法了悟自心。
必須是潛藏業力相應的具福報者方可。

*

成就者魯悉巴（Luhipa, the siddha）如此說：

你應該將輪迴與涅槃的現象
視為既非具體亦非抽象，既非二者皆是亦非二者皆非。
這難以向幼稚者指出的，乃是從承侍上師所獲得，
一旦你經由上師而發現，你將見到這無法得見的本性。

在帝洛巴的金剛道歌中，你看到以下頌文：

這內在且本具的覺智

安住於一切眾生心中。
然而，未經上師指出，它因而未得圓滿。

無與倫比的岡波巴接著說：

既非凡夫俗子的範疇，
亦非大博學者的知識，
唯有那具足虔敬心者，
以加持之道作為倚靠，
藉上師法語作為依止，方能了知。

嘉華直貢巴（Gyalwa Drigungpa）曾說：

密咒乘乃加持之道。
除非領受上師加持，
否則你所了悟的都是念頭的構想。
而教法說，念頭是表面且具遮蔽性的。

因此，要承侍上師，
並毫無疲倦地向他祈請。

如此，無誤地了悟見地——基本狀態的自性，端賴虔敬心與加持。

*

如此看到了見地的自性之後，
接著該如何修持呢？

以下乘而言，
教法說，要以觀察智慧的分析方法，
確立空性的見地。
其後便結合空性與悲心而修，
並努力積聚資糧且淨除遮障。
共通來說，密咒乘外續和內續，
都教導要結合

本尊瑜伽的生起次第
和有所緣與無所緣的圓滿次第，
並於以見地封印的狀態中修持。

真是妙哉啊，
善於運用善巧的方便，
諸佛教導了
所有這些不同的分項，
以度化意趣錯綜複雜的弟子眾。

但在此處，大手印與大圓滿的修持，
一切乘門之峰，
與其他這些的教導完全不同，
後者的禪修與見地是分離的。
於此，見地與禪修並不分離，

而是純然無分別的合一：
這看見基本狀態的見地，
非經造作，而是讓它回到其自然的流動。

根據眾生不同的根器，
對於上上根器者，
一開始就指出奢摩他和毗婆舍那的合一。
而毋需穩定禪修且追求後得。
反之，了證和解脫，
是於內在自性的周遍廣空之中同時發生。

對於汝等中、下根器者，共通來說，
要先從前行法的修持獲得徵兆，
接著徹底確立見地。
當你能夠自在見到自心本性時，
便保持寂止的功德。

深深地鬆坦身、語、意，
莫追尋任何有關過去或未來的念頭，
而是讓當下的覺智直接見到它自己。

既不禁抑，也不沉溺於
色、聲、香等六塵之中。
於各個經驗，無論出現什麼，
都保持覺察、明晰、清新，
同時，在攝持與鬆坦之間保持平衡。

太專注時，你製造一種狀態。
太放鬆時，你心神渙散而落入念頭暗流之中。
反之，只要保持心不散亂，
這本身即是無上的奢摩他，
教法說，此為禪修的基礎。

現今似乎有些奢摩他行者，
把六根收攝（關閉）時的無念狀態，
當成是最卓越者。
這稱為「寂滅止靜」，
教法說此為禪修的一種過失與偏離，
只會導致投生無色界，
或投生為龍族、畜生。
不論是哪一種，都無法帶領至解脫。

*

薩迦巴怙主（Lord Sakyapa）[54] 在做以下開示時，所指的正是此意：

教法說，修持大手印的愚人
主要會導致〔投生為〕畜生之因。

54 譯註：薩迦巴怙主，指薩迦派的初祖薩千貢噶寧波。

若非如此，他們也會投生無色界，
或墮入聲聞行者的寂滅。

不論如何，所有的經、續典籍都強調，證悟絕非由抑制心念活動而頑固修持無念所得。

《方廣大莊嚴經》（*Lalita Vistara*）55 中如此描述：

當釋迦牟尼如來修持真實證悟，
他決心要經由空性而證得佛果。
他在尼連禪河畔住於不動三摩地中，
勝者不變天出現而充滿虛空，猶如一只芝麻子飽滿的蒴果。
勝者對著勝者之子一彈指而誦此偈：
「此非圓滿禪定境。
藉此無法達究竟。

55 譯註：唐朝地婆訶羅譯《方廣大莊嚴經》，又稱《神通遊戲經》、《大莊嚴經》，主要敘述佛陀自兜率天宮下而至初轉法輪間的事蹟。另有西晉竺法護譯《普曜經》，又名《方等本起經》。但此故事並未出現在漢譯《方廣大莊嚴經》中。

反當生起廣如虛空之絕妙覺智！」[56]

故事接著說到：

當他聽到這些話時，便捨棄了不動三摩地。

如此而有詳細的教導。

另外也有關於釀・班・汀金・桑波（Nyang Ben Tingdzin Zangpo）從漢地和尚上師[57]接受禪修教導的故事。他勤奮修持之後，獲得許多淨相，包括有所緣的神通之類。他認為自己的禪修很了不起，便在遇見大班智達無垢友（Vimalamitra）時說道：「我因為修得三摩地，所以能數日入定而不思茶食。」無垢友尊者不悅地答道：「這樣你會投生為龍族，沒用的！」此後釀班便跟隨無垢友尊者學習，向他求得大圓滿法教，並經由修持而證得虹光身成就。

56譯註：勝者不變天，the conqueror Immutable Sky；另說是由帝釋天因陀羅化現樂師。勝者就是佛，勝者之子（勝子）即是菩薩，所指為當時尚未成佛的悉達多。這邊的意思是當時有佛出現而充滿虛空，一說為多得和芝麻莢中的芝麻一樣，一說為大到可以充滿虛空。

57譯註：Hasang或Chinese Hashang teacher，這裡的意思是他先與漢地和尚學禪修，但所學錯誤，後來向無垢友學習，才步入正途。這位大乘和尚指的是當時到西藏弘揚所謂禪宗法門的僧人，但因他主張不思不想就是禪修而辯論失敗被驅逐出境，真實姓名不詳。

當岡波巴大師向密勒日巴尊者提到，他如何依噶當派教導而禪修並獲得極佳的三摩地覺受時，密勒日巴尊者大笑著說：「從沙粒是榨不出油來的，你應該修持我的這個教導。」有很多這類的故事，與上上品的奢摩他相隔很遠，因此顯然最重要的是，我們不應修持較為下品的奢摩他，或者寂滅的奢摩他。

*

因此，不要禁止任何的覺受，
例如對六塵的覺受，
且不要誤入執念或沉溺之中。
若你勤修鬆坦安住於本然的等持
此一上上的奢摩他，
你將獲得動、得、熟、穩，以及圓滿的覺受。[58]

極為重要的是，

58 譯註：movement, attainment, familiarization, stability, perfection，是禪定的五個不同階段。

不論你有多少表面、有所緣的功德——
例如樂、明、無念的覺受，
神通、視相、神變力等等——
都不應該落入自滿、
著迷、貪戀或傲慢。
然而，即使如此，我便看過有許多禪修者
因道上這類覺受、視相、徵兆而受到誘惑。

善逝帕摩竹巴（Phagmo Drubpa,thes ugata）曾說：

若未經驗到離於執念的光明覺智，
行者會貪著於樂、明的禪修狀態。
以有念的心態來做禪修，是無用的，
那不就只是投生無色界天人之因嗎？

他也說：

具有大力量和大能耐之人，
到頭來卻不停作法事以求供養。
〔貪著於〕清明夢境的禪修者，
只會召來邪魔而受其奴役。

密勒日巴說：

就連邪魔外道，
都具備這類共通而短暫的功德，
若不了悟無二，
這些豈能足以使你成為成就者？
結果是，再沒比我執這邪魔更大的過失了。

*

因此，當你已精熟於無垢的奢摩他時，
便穩固了禪修的基礎。

屬於正行的本有覺智之毗婆舍那，
獨獨取決於是否
領受到加持和直指的教導。
除此之外，就連凡俗人等的念頭，
其實也都是毗婆舍那以概念思維顯現。
即使是那對於奢摩他禪修作延續者，
也不過就是毗婆舍那。
那個看見、注意、或感覺者，
不論是否有動靜、散亂與否，
也都是了知覺智之毗婆舍那。
再沒比這個毗婆舍那更殊勝者，
除此無需再成就其他毗婆舍那。
因此，從最一開始，
最殊勝的奢摩他與毗婆舍那
二者同時俱在並且任運自成。

由於這個原因，以壓抑感官知覺為修的寂滅奢摩他，之所以無效益的重點，在於它阻斷了毗婆舍那而成為過失。了悟那究竟果位的功德、成佛的一切獨特表徵、證悟的三十七種功德等，以及二種殊勝智的善德，全都獨獨來自毗婆舍那。所以，不論你在壓抑毗婆舍那的奢摩他中修得多麼穩固，你都不會解脫。這是原因，也是關鍵。

不論心是否寂止、是否活動，
不論它剛好處於如何的狀態，
本質上，它是無可指認的清新鮮活，
不具顏色、形狀、表徵。
然而，它無阻礙的了知則寬廣覺醒。
無論展開何種念頭，是善或是惡，
都是完全開闊，非由任何具體事物所成。
於任何六塵中，不論經驗到什麼，
都是完全無實質的，不攀於實有。
它全然光耀、覺察且覺醒，
不落入昏沉的無念中。

識得此平常心的本然面貌，
不因樂、明和空性的禪修心態而腐損，
即稱之為毗婆舍那——明觀。
這是大手印、中觀、息法，以及斷法
一致的最核心之處。
因此，只要認出這個即可！

*

這正是所有經部乘門所稱的「如實看見且全然了悟現象的毗婆舍那」。然而，甚少有人真正將它融入個人經驗之中，反而覺得，就讓它保留在只當個名稱或理論的狀態就足夠了。

於密咒乘強調「方便道」（path of means）的內涵中，稱之為「空樂的本自覺智」（intrinsic wakefulness of empty bliss）以及其他的此類名稱。於大手印、大圓滿、息法、斷法等「解脫道」（path of liberation）中，這種毗婆舍那則稱為「如實了知心之真如的毗婆舍那」。

在終於對此了悟之後，於大手印體系的「無修」或大圓滿所說的「覺性之頂」，則稱為「如實了悟內在自性的毗婆舍那」。

要了解，這三種毗婆舍那都包含在單純認出你當下平常心的本然面貌之中。

現在，我已經說明了奢摩他的過失與功德，以及毗婆舍那的性質。我也說明了殊勝的奢摩他與毗婆舍那是如何無二無別，以及如何保任此相融合一。毫無疑問，這是對禪修正行的描述。

儘管如此，根據一般的教導方式，我現在要再次表明於日常生活中如何每日實修，作為簡略提示。

當某人於奢摩他已獲穩定，
或至少已獲某程度確定性，
之後，要如何繼續日修呢？
各種指引手冊提出的不同方法，
教導我們要「從見地尋找禪修」或「從禪修尋找見地」。

既然用意與目的相同，
於任何這些概述順序或次第的各種體系中，
就你值遇而依隨的「尋心法」和奢摩他修持而言，
其禪定與後得向來都是相同的。

中觀見地的指引中教導，
禪修是唯獨只修持空性，
而在後得時，
則如幻化般培養慈與空。
於此體系中，禪定稱為「如空禪那」
而後得稱為「如幻三摩地」。

*

關於這點，怙主岡波巴說：
波羅蜜多乘的追隨者在透過經典和邏輯思維，確立相依緣起等是可被經驗且無自性之後，如此而練習禪修。於是他們在虔信的意樂中建立空性。這是中觀的禪修體系，意思是，在抱持禪修者與禪修對境的想法當中，這牽涉到二元對立的心態。你無法藉此而了悟見地。由於它對治的是實有的執念，便能淨化無量的遮障，但卻無法帶來證悟。

他繼續說道：

其他人在禪修時，短暫地將自己置於徹底無念之中，接著在後得時便修持如夢與如幻。在密勒日巴上師的體系中，則是對於五毒和對於各個念頭，都修習它們即是無二的覺智。一旦熟習之後，便只修習超越座上與座下分別的禪定。

他是如此給予詳細教導。

*

在大手印所有的體系中，初修的瑜伽士
以禪修為座上正行，
後得則於座下活動之中以正念延續禪修。
一旦了悟某程度的熟悉之後，

教法說，一切都將變成純粹的禪修狀態。

大圓滿的諸體系，以大部分教導而言，
是為頓悟者所設，
將一切濃縮為了知與不了知之間的分界點，
而非分為禪定與後得。

無論何種情況，修持的關鍵要點在於
不要落入刻意投射或刻意專注於
當下赤裸心的狀態，
而是，於任何經驗中，無論那是什麼經驗，就只認出你的自性。
能對此作延續者，稱為「正念」。

儘管奢摩他的教導著重寂止，
但此時要將一切都融入修持，不論是寂止或思考。

你的念頭是否顯現為「惡」，

例如五毒情緒、苦痛、疾病，
或顯現為各種善的形式，
例如虔敬、慈悲、出離，以及淨觀，
不論你的經驗為何，要了悟這一切
都只不過是你自心的無礙遊戲。
既不拒斥憤怒，也不迎受貪執，
而要鬆坦住於一味的本具狀態。

放下而進入本然狀態，不需要攀緣或執著，
即使對「我在禪修！」的動力或心態亦然。
不要以任何企圖心干擾你自己，
例如希望禪修良好，或擔心禪修失敗，
在離於概念的無造作本然狀態中順其自然，
此為一切了義體系的禪修狀態。
當你在行、食、坐、臥、或言語之時，

仍攀著於堅實，便是一種迷妄的執念。
但若你能於任何日常活動皆不與修持分離，
單純認出你的自性，同時保持不渙散，
雖說這也可稱為「後得」，但它亦屬禪修狀態。

除非你知道如何保任內在自性的本然狀態，
否則雖可維持坐姿和眼神，但它仍非禪修。
簡言之，只要以覺智來攝持所經驗的一切，
你所做的就全是禪修。
若非如此，就算你的寂止穩定，卻只是漠然的阻隔狀態。
因此，只要保任對平常心的認出即可。

*

在《淨意經》（*Sutra on Pure Intention*）中有這麼一段經文：

文殊菩薩問及：「作禪修的僧人，其三摩地覺受為何？」

佛陀答道：「就如爐火之焰滅盡，煙囪即不再冒煙。一旦他了知並見到心之為空，他將獲得如此覺受：色相是空的顯現，聲音是空的迴響，香氣是空的知覺，味道是空的品嚐，而觸覺是空的感受。如此，天無雲蔽時自然清朗，水不攪動時自然清澈，心不作意時自然自在。」

佛陀繼續說：

了知自心本性的僧人
不論所行何事，都在其中繼續禪修，
安住於本具的自性中。

如果你能根據佛陀的教導持續修行，要維持延續的禪修狀態將不會太過困難。

此外，你不需要壓抑念頭的來去或六塵對境等等，因為大圓滿的經典中提到：

當心的執著念頭
不涉入五根的明晰知覺時，
此本身即是佛心。

經典中也有此引言：

> 你於夢中的愉悅和痛苦狀態，
> 在醒來的那一刻，全都具同等自性。
> 同樣的，有念與無念的狀態，
> 在覺醒的那一刻，也都具同等自性。

在《大圓滿阿若口耳傳承》（*Dzogchen Hearing Lineage of Aro*）中，可以看到：

> 有如天空之雲的譬喻，
> 當你的心創造出種種投射時，
> 投射雖然顯現，但並不會傷害心的基礎。
> 相似的，在心的覺醒狀態中，
> 念頭並不會遮蔽覺醒狀態，故無需矯正。

《真實意金鬘》（*Golden Garland of Rulu*）中提到：

> 了悟這一點的瑜伽士

會將心安住於無造作的清新之中；
因此，不要阻斷五根，而要將它們保持在自然狀態。
色相、聲音、香氣、味道和觸感——
於你所看見與經驗的一切中，
自在平穩於單單那樣的狀態。
既不禁止、也不執取，
安住於平等捨——覺醒的狀態之中。

類似的引述多不勝數。由於大圓滿的所有六百四十萬續典，都一致教導此一相同的關鍵要點，我又何需不斷引述更多的教言呢？相似的，大手印的所有典籍也都不出此相同的本意。因此之故，吉祥的夏瓦日巴（Shavaripa）說：

歸根究柢，心乃有如天空。
它並非某個可修得的「東西」，因此莫用意念而形塑之。
正如同虛空無法觀察虛空一般，
空性也無法想像空性。

他也在道歌中唱到：

如此，在三時之中的任何片刻，
讓心單純保持在不受限的無作意本具狀態，
就稱為「禪修」。
不要控制氣息，不要壓抑念頭，
而要將心住於無造作之中，有如孩子一般。

當你開始動念時，向內看著動念的本身。
不要以為浪與水不同。
在無作意的大手印中，
連要禪修的一粒塵沙都無，因此莫藉禪修作任何創造。
最殊勝的禪修無一刻偏離於無修的本性。

吉祥的那洛巴說：

看的時候，向內看你的自心。

由於此心非由任何事物所成，
無法言喻且超越任何對境，
它便無有阻礙，有如天空。

馬爾巴（Marpa）也在道歌中唱到：

一般來說，不論所知對境如何被看見，
未悟之時，它都是迷妄感知，
且因對外境的攀執而受束縛。
對於悟者，則將其看為幻相，
因此所知對境便初顯為助緣。
究竟而言，從未有任何感知；
它全然解脫入於無生的法身。

於此之中，這念頭來去的心識，
未悟之時，乃為無明，
是業力與煩惱的基礎。

已悟之時，則為自明了的覺智，
能圓滿一切善的功德。
究竟而言，由於萬法都被帶入竭盡，
教法說，本有覺智非真實存在。

勝者果蒼巴說：

向內直觀你自己的心。
看的時候，它是看不見且無實體的。
在這空無一物中鬆坦安住。
保持自在輕鬆，無所執念。

當念頭再次開始來去之時，
直接認出其自性，
並且單單就這麼鬆坦安住。
無庸置疑，它會自行消融。

成就者哦堅巴（Orgyenpa, the siddha）唱到：

經驗到平常心時，
一邊修持，有如河水之流那般持續而不散亂，
一邊則鬆坦自心，
無拘無束且無所造作，全然自在。

總結來說，大手印和大圓滿的典籍與教導，以及傳承上師們的一切開示，所教導的就單單是如何不分別寂止與動念而持續修持。同樣的，他們所說明的也都不出於如何不作拒斥而運用五根感官、念頭等等作為修持的助緣。

雖然教法上是如此，但我看到今日於新、舊譯派中，絕大多數的禪修者仍然將「無散亂」這一詞理解為禪修是要保持在寂止的狀態，其餘的都不是禪修。從此以後，他們心裡就只想著奢摩他。

因此，我感覺我們現今所處的時代，不僅絕大部分的律藏教法和密咒乘之共通傳承修持，都受到扭曲且漸趨式微，甚至連實修傳承的教法也幾近消逝。

*

此一原始清淨本覺的基本狀態，
有如窮人屋中所藏之寶而他自己卻看不見。
一旦透過上師的慈悲而了悟它，
你便親自了知佛果無別三身即是你的自性。

於彼剎那，見、修、行，果、道、地等等，
所有這些令人悅意之名的許多分類，
在你決斷它們的根源、議題的核心之後，[59]
便斷除了對成功的希望與對失敗的恐懼。

若你開始渴求覺受和深觀、進步的徵兆和跡象，
便已著迷於貪欲和我執，
絕無機會再做禪修練習。

59譯註：resolve翻譯成決斷，意思是消除疑惑且確認想法而決心信解。

輪、涅種種功德於基位上是任運自成的，
尚未了知此，而渴望獲得修道上的徵兆和結果，
便連小乘行者都遠遠不如。
一切的歧路、遮蔽、障礙都是由此而起。

了解輪迴與涅槃兩者皆為心的人，
即是離於
歧途、偏差和錯誤的諸生起基礎，
也將因此毫不費力且任運自然地具備果的功德。

帝洛巴用以下這一段話來說明：

當你了解這三者的自性同等時：
見地、禪修、行持，
便沒有善與惡的二元分別。
但如果你還抱持其他想法，
你便會不具信心且為迷妄。

岡波巴也說：

以見地來說，離於變異，
要具斷除根與基的了悟。
以禪修來說，離於座上與座下，
要三時持續不斷而安住。

以行持來說，離於虛偽，
要懷抱不追逐己利的利他精神。
以果地來說，離於希望和恐懼，
要讓你的修持臻至圓滿。

未先斬斷自我取向的心態，而期望迅速獲得進步的徵兆，或覺受和證量等其他功德，對此，成就上師林傑・惹巴（Lingje Repa）有以下描述：

若你想看見佛心，
希求進步的徵兆只會延後它的出現。

當你對進步徵兆的希求消耗殆盡時，
便已經到達佛心。

他還說：

只要你仍保有概念攀執，
就永遠無法跨越輪迴的河流。
解脫的要點是捨棄執念；
離於細微執著時，你就是佛。

*

現在，根據諸位所詢問的課題，
若要說明是否已獲真實的證量
其關鍵點和分界線，
由於我曾多次撰寫

關於大手印四瑜伽和大圓滿四相等的文稿，[60]於此處就不再贅言。

儘管如此，我將就此議題的最核心之處做以下說明，以便區分覺受與證量此二者之異。

於共乘之中，包括中觀在內，以諸多的名稱描述各種次第，例如與空、悲三摩地修持力相應的三十七道品，故而我無法在這裡全數講解。諸位可在重要的經典中覓得。

60 譯註：大圓滿四相（four visions of Dzogchen）分別為法性現前相、證悟增長相、明智如量相、法遍不可思議相。依桑傑年巴仁波切對第一世蔣貢康楚仁波切名著《虔心悲切遙呼上師祈請文》的講解（2005.3.12~3.13於台中自生遍在佛學中心，中譯整理：堪布羅卓丹傑）：法遍不可思議之「遍」，「不知道是不是有翻錯？或者是叫法盡，所謂的法盡就是一切都已經完畢清除了……比喻就如一切的萬相一切的顯相，它都自性的消失、自然的融入消失……在法性跟空性當中。」

不論如何，由於共乘漸進道諸道與次第的各個功德屬性，
都完整包含於此一迅捷道中，
且若你成就其本性即不需仰賴這類文字，
因此我將這類詳述擱置一旁。

在這個體系中，於修持四種瑜伽等等之時，
對於修持的體性以及你的心
這兩者的無二無別獲得信心，
稱為「了悟的曙光」，且其本身便已足夠。

當此尚未發生之前，只要你還主張
所修持的法與禪修者、心是分離的，
或者，保持正念的人與所保持的對境不同，
則你仍未瞥見了悟的核心。

因此，樂、明或無念，
不論發生什麼——所有這些禪修的心境與覺受，

都只是禪修的外「皮」而已，
故而，千萬別對它盲目貪戀。

上品「專一」的不間斷覺受，
萬法初顯為空性的「離戲」等等，
全都只不過是禪修的心境與覺受——故當捨棄驕傲自滿！

禪修者與禪修對境都是心的本身。
散亂與正念也都是心。
善念與惡念也都是心。
認出這本來面貌，也是心的本身。

一旦你決斷一切都只是你的自心，
要了悟輪迴與涅槃無二的見地就很容易。
一旦你於內決斷此見地的根與基，
於此單一覺性之外，便再無禪修的對境。

由於它在三時之中從未與你分開，
要擁有了悟，其實並不困難。

然而，對於心沒有決斷見地的禪修者，
即使禪修百劫也仍攀執於禪修的情境。

基於此一攀執，也就是輪迴的唯一根源，
將絕不可能了悟大手印或大圓滿的果地。
一切教法類別和分界點都包含在這當中。

*

真實的證悟是當你離於禪修心境的外皮時。
雖名「了悟」，它是不受污腐的覺性本身。
此一不受污腐的覺性，你的本來狀態，
本身即是修持的唯一目標。

眾生有上、中、下根器的不同，
故而有頓悟與漸證等等的差別。
但若你獨獨不斷修持直至圓滿，
則將解脫入「法遍不可思議相」的本初基位。

正如一位已自瘟疫康復者，
你不具再次迷妄而墮入輪迴之懼。
圓滿諸身與諸智和修持後，
毋庸費力之大悲心將任運成就眾生的安樂。61

匯歸於體性，此一平常心，
應讓它自然為之，除此外別無其他。
謀求優越的見地、禪修而巧妙修持，
渴望覺受與了悟，並求取由瑜伽道、次第獲得進展，

61 譯註：佛果三身和五智，另有四身或五身之類別。諸身：法身、報身、化身、自性身（Svabhavikakaya，體性身）、不變金剛身；五智：法界體性智、妙觀察智、大圓鏡智、平等性智、成所作智。

同時又恐懼誤入歧途或偏離正道等，
要完全捨棄所有這類追尋。

*

怙主果倉巴說：「萬流匯歸於一，我將單單修持這無阻礙的當下平常心，直至達到佛果為止。」除了依循他的這段開示之外，對於其他事物都不要抱持任何野心。

無上法主[62]（卻傑仁波切Chöje Rinpoche）說：

有些人認可，當禪修的穩定性
變得持續，並有助於後得中的不間斷明晰覺智，
此本身即是了悟佛心。
這確實也是我所了解的：
平常心的赤露性即是法身，

62 譯註：The supreme being and lord of the Dharma（Chöje Rinpoche），音譯為卻傑仁波切，由於原著未加說明，且Chöje本身即是對於德高望重的上師之尊稱，因此難以確定所指的究竟是哪位。

於此之中，已永遠征服禪定與後得和一切習氣，
有如將鐵塊磨到完全不見。

他繼續說：

謀求獲得功德時，你將陷入野心的黏滯之疾。
試圖獲得果地時，此將受到期望的寒霜所毀。
祈願獲得進步的徵兆時，你便落入魔的陷阱。

這正是他所曾教導的。

*

雖然教導了諸多的增益行持，
包括同等一味以及瑜伽戒律，
當你單單調伏自己的相續時，
便無需任何其他的同等一味。

今日，各個修行者都宣稱：

「我是禪修士！我是瑜伽士！我是托缽僧！」
但他們同時又追逐信眾的供養。
他們所穿的衣服可能得體，
但若遇上些許不敬或微薄供養，
或甚至聽到任何一絲批評，
就忘了禪修和靈性的修持，
並且像毒蛇一般暴跳如雷。
他們的修行，哪會有任何進步？
對這類人，同等一味有什麼用？

因此，根本就不必
住在可怖的獨居處，
或行持尋求對抗的瑜伽戒律，
反倒，最為卓越但極少人為的，則是，
完全遵循著超越世間八法的
修持要點而過生活。

*

有一次，覺巴仁波切（Kyoba Rinpoche，吉天頌恭）向一名宣稱已然精通幻身修持的直貢派禪修者說：「人家說你破戒了，這真是無禮之至。」當這位修行者勃然大怒時，覺巴仁波切說：「你說你精通幻身，我剛剛是要考考你。」故事的後段發展是，由於這件事情，這位修行者的傲慢心因此消滅。

賈瑟．托美仁波切（Gyalsey Togmey Rinpoche）也說：

當我肚子撐飽且天空太陽照耀時，我看似是個行者。
當我面對惡緣逆境現前，我就是個凡夫。
由於自心未與佛法相融，請賜予讓此心調柔的加持。

他說，顯然這是要頂戴頭上以作崇敬一百次的文句。

*

此外，除非佛法調伏你的心，否則僅僅穿著瑜伽士或出家人的裝束，並不會有任何利益。

《法句經》（*Udana Varga*）提到：

薄伽梵向僧眾說道：「和尚薙髮，豈能是證悟？黃色衣袍，豈能是證悟？以水浴身，豈能是證悟？過午不食，豈能是證悟？」

他的徒眾心起疑惑，因而說道：「如此這般，要藉由什麼才能證悟？」

佛陀回答：「要以般若慧的剃刀將概念思維的頭髮剃掉，以空性的衣袍保護你免受煩惱而疼痛。以智慧之水洗去自己的無明，以禪修之食驅除欲望的飢餓。」

*

此處說明了除非心、法相融，否則若只是博學多聞或詳盡理解，絕對無法獲得證悟。這裡引用《法無生經》（*Sutra of Nonorigination of Dharmas*）的一段：

行為正當且矯正過失，
喜歡文字與言談——這些沒有一個能表示清淨。

除非你完全了解實相的自性，
否則言語正確並無法使你覺醒證悟。

《大方廣佛華嚴經》中提到：

佛陀的真實教法
無法單單藉由聞學而成就。
衰弱者雖被流水強行沖走，
卻仍有可能因口渴而死亡。
未能修持的教法，就像是這樣。

這段經文繼續說道：

小舟或大船的舵手，
無論於河上或海上，
儘管有能力載渡他人到達彼岸，
卻仍可能死於水上。
未能修持的教法，就像是這樣。

如是，其他諸多經典也都如此教導。

*

大部分的人，包括我在內，也就是現今自稱為修行者的人，只不過是勝者揚袞巴（Yang-gönpa, the conqueror）在他的《忠告》中所描述的那樣：

我們所有追隨佛法這一邊的人，即使在一夜的睡眠之間、一天的活動之中，甚或在一次短暫的活動之中，都無法修持，而唯獨忙碌於這一生的成就。當我們想要修持神聖的佛法時，就進行；我們覺得不想修持，就暫停。有些時候，方便的時刻，我們就修持；不方便的時刻，我們就暫停。

我們想要不經學習就做禪修。我們想要不花時間做禪修就獲得成就的徵兆。由於沒時間修持佛法，我們想要立即成為成就者或「拓滇」[63]，擁有神通力和神變力，或者變得超凡入聖。

當事情沒這麼發生時，我們就中斷佛法的修持，自我氣餒地想著：「像

63 譯註：tokden，藏語，尊稱已有高度修持成就的瑜伽士。

我這樣的人，修行不可能成功。」我們都想要不禪修或不修持就證悟成佛，但這是不可能的！

他也說：

我們必須要有計畫的日夜精進修持。我們可能假冒為住在山間的隱居閉關者。我們可能佯裝為修持良好的禪修者，但卻鎮日閒談又徹夜昏睡。等到我們出關下山，修行既沒有進步、也沒有進展。以心和個性而言，我們依然全無彈性且緊繃易怒。只是表面上像個佛法的修行者，這樣完全沒有利益。

他也說：

你可能已值遇一位如佛親現的上師，領受如甘露般的口訣教導，並具有如雪山之王岡底斯山的禪修狀態。儘管如此，除非你也能調伏自己的心，否則還是無法證悟。禪修者當然需要有覺受與證量。但除了做禪修之外，沒有人會將覺受與證量帶來給你。

他所提出的許多這類忠告，簡直是太正確了。

*

再次，除非你可以主要修持佛法的核心，否則難以找到讓你成就的其他東西。《賢劫經》（*Sutra of the Good Aeon*）中說：

> 除了安住於真實的修持之外，
> 無法由任何其他方法獲得殊勝證悟。

如同剛才所說，如果你可以專注修持口訣教導的甚深要點，就可以完整有效地運用所有教導的精髓。《三摩地王經》如此敘述：

> 我於三千大千世界中
> 所教導之任何一部經，
> 諸文詞都只有單一義。
> 汝等無法修持諸經文，
> 但藉單只修持一句言，
> 便即修持全數諸經文。

這正如佛陀所說。如此來看，不需要立即有看得見的特殊徵兆或良好功德，而是要完成所有真正需要做的，並藉此獲得具長久價值的成果。鄔迪亞那的珍寶大師（Precious Master of Uddiyana）[64]說道：

空的覺性絕不會被外界事物所傷害，也不會受逆境惡緣所阻礙。在你決斷輪迴的自性之後，將找不到投生於六道的基礎。由於在剎那覺性的自性中獲取絲毫生起的念頭，於無所緣的空性了知之中，便不可能再生起煩惱情緒的惡禍。由於將業力成熟之根帶入耗盡，惡行便得已掃除。由於離於身和語的再次生起，通往惡趣之途便得已阻斷。由於了證一切顯相與存有皆為心，地獄便不復存在。當值遇這樣的口訣教導時，毫不動搖且專一修持的人，便無需恐懼死亡，因為他在這一生中已成就具持久價值的任務。

為此，你必須要精勤努力。

*

64 譯註：鄔迪亞那（鄔金國）是蓮花生大士在人間化生的地方，因此這裡指的是蓮師。

故而，所有想善用此暇滿的人們，
要追隨令人崇敬的靈性導師，並決斷對於教導的疑惑之處。
真誠思量死亡的必然，拋除對此俗世的貪戀。
平等看待世間的八風，並讓自心與佛法相融。

保任赤裸的覺性，以做為見地與禪修的精要。
追隨實修傳承大師的典範，以做為日常活動的精要。
莫輕忽因果法則，以做為戒與三昧耶的精要。
降伏自私的惡靈，以做為事業的精要。
莫誤入斷見的散逸；而要將教法帶入實際的修持。
莫以貪著求取枝微末節；而要了悟一切有如幻影。
莫將自己綑綁在二元鎖鍊中；而要自在且無束縛。
要了解佛法的要義，這至關重要。

哀哉！於此諸煩惱交相並起的黑暗時期，
佛法的車輿陷入泥沼之中，
不論你多想要為教法的利益作努力，

期待能真正對佛法有幫助，卻是無望的。
為支撐你個人哲理見地所持的宗派之見，
為維持寺院和保有信眾所做的事務，
為獲取所需資金與食物所行的謀略，
這些只會使你自身懊悔而他人責難。

無義的言詞與世間的所學，
大量的資訊與獲取名利的狂妄目標，
維護大師形象的偽裝而使自己和他人走向毀滅，
我發願絕不再追求這當中任何一種。

在佛所稱揚的森林與無人山谷之中，
以了知什麼也不需要的出離心，
願我與所有其他的人皆無例外，
致力於面對我們自心的本初佛。

我以清淨願心寫下
行持一切教法的根本見地與禪修之至要重點，
並以勝者所宣說之語作為佐證，
藉此善德之力，願輪迴大海迅速枯竭，且願一切眾生證得菩提！

*

僧人孟蘭（Monlam）表示需要有關於修持大手印、大圓滿以及中觀甚深道之見地與禪修的要點註記。雖然我應他之請而寫下這篇文章，但我個人並不具確切的覺受或證量，因此很難符合於這些教法的真實意義。我在這裡所表述的可能只是一派胡言，有如一個醉鬼的語無倫次。然而，我是憑著唯一的清淨利他發心，沒有任何一絲的外來染污而撰寫此稿。

因此，為了讓每一個人，不論高、低，都能夠輕易理解，並且避免詩詞般的華麗文辭，我以普通的語言而著重於直接的意義。在這上有懸崖的果倉巴洞穴中，我，那措・讓卓，於二月上弦初一的吉祥日[65]，寫下此文。由此善德之果，願一切眾生在致力修持此類甚深道

65 譯註：藏曆二月，一說為苦行月，一說為佛陀降世月，作何善惡皆增加千倍；而每月初一則是禪定勝王佛節日，作何善惡皆增加百倍，亦為每月的十齋日。

之時臻於圓滿。願此祥善！

*

小品證道歌

當上師的心與我的心相融，無二無別，
思念的祈願文便已不再有主體或客體。
由此加持——了知自心本性，
我領受了至大的慈愛，極為崇高。

直接看透一切所知境的自性，
我找不到一個分離的能知者體性。（cognizant quality）
觀看者與所看境，未分為二：
我發現此最深奧且最崇高的直指。
使力於專注只會增加更多念頭。

充滿判斷的訓練不會帶來進展。
保持不散亂，並離於禪修作為：
我發現這是最偉大的關鍵忠告。

此一流浪漂泊之人，既無佛法、又無目標，
在這些文字浮現時即興撰寫之，
願此有助於未解脫的眾生超越每一個苦惱，
並達到離戲單純，究竟的證悟。

＊

我（策勒・那措・讓卓），於閉關時寫下本文，時年二十三。

英譯者後記

艾瑞克・貝瑪・坤桑（Erik Pema Kunsang）
2009年，丹麥自生慧禪院（Rangjung Yeshe Gomde）[66]

《大手印之燈》是策勒・那措・讓卓（Tsele Natsok Rangdrol）三本著名作品當中的第二本，由敝人依頂果・欽哲仁波切的指示而翻譯，其間承蒙祖古・烏金仁波切與確吉・尼瑪仁波切的慈悲鼓勵與指導。我於西元1987年在納吉貢巴（Nagi Gompa）完成初次的翻譯。後來，賈克・比爾於西元2007年將此文與香巴拉出版社（Shambhala）發行的版本，重新對照藏文校閱而呈現這個新的版本。感謝他和翻譯暨製作助理瑪西亞・賓德・史密特（Marcia Binder Schmidt），於整個文稿的各個階段都加以檢查。感謝茱迪絲・安濟斯（Judith Amtzis）重複數次編輯，並感謝約翰・洛克威爾（John Rockwell）、湯瑪斯・達克特（Thomas Doctor）以及偉恩・安濟斯（Wayne Amtzis）提供實用的建議。

66 譯註：此篇所有機構單位的譯名皆為暫譯，無官方中譯。納吉貢巴是祖古・烏金仁波切所創的尼院和閉關中心所在地，吉祥噶寧講修寺則是其所創的僧眾道場，自生慧佛學院為此道場的相關機構，並與尼泊爾加德滿都大學合作提供佛學碩士的課程和學位。

依據我的皈依怙主——祖古．烏金仁波切與確吉．尼瑪仁波切——的指示、鼓勵與教導，我也在納吉貢巴就《核心之要》做了詞不達意的初版譯稿。但由於他們不斷地慈悲引導我，所以我在丹麥的吉祥自生慧禪院（Pal Rangjung Yeshe Gomde）又做了一次淺薄的嘗試，最後於西元1997年在尼泊爾的納吉貢巴完成文稿。當時是在洽哲堪布（Khenpo Chadrel）以及喇嘛普吉．貝瑪．札西（Lama Putsi Pema Tashi）的協助下完工。瑪西亞．賓德．史密特比對了譯文與藏文，，麥可．推德（Michael Tweed）以及S．拉摩（S.Lhamo）則進行校稿。

這兩份譯文，是為了在自生慧佛學院（Rangjung Yeshe Institute）於尼泊爾加德滿都博達納的吉祥噶寧講修寺（PalKa-Nying Shedrub Ling Monastery）所舉辦的年度研討會中作為教材。

策勒．那措．讓卓的其他著作尚有《正念之鏡》（*Mirror of Mindfulness*）、《灌頂》（*Empowerment*），以及《日之輪》（*Circle of the Sun*）。

藉由策勒．那措．讓卓的願力，願這本書能直接令行者在佛陀教法的修持上有所進展，並為無量眾生帶來利益。

祝願

南無　咕嚕　布達　菩提薩埵亞[67]
勝者所說之語和所有論典之精義，
大手印、大圓滿、中觀及所有其他的
見、修、行、果，
彼此相容，互不違背，
清晰且具備所有完整的要點——
正是這佛法舍利，如此莊嚴，為滿願寶，
由我們如金剛持親現的圓滿上師眾，
賜予給我以及其他金剛乘的弟子眾。
經由他們的加持與象徵譬喻的指示，
經由灌頂、引導與教言，
願我們識得自心本性，

67 譯註：NAMO GURU BUDDHA BODHISATVAYA梵文音譯，意思大約是頂禮上師、佛、菩薩。

那究竟且純淨的覺智。

願我們於後在十地、五道，
四瑜伽的十二次第，
四相與其他狀態中，
皆帶來覺受與證量。

祈願吾等在通往解脫的光輝道上能成為導師，
有如運用六度與四攝的渡船夫，
引導無量母親眾生脫離輪迴海。

任何人只要如此作發願或祈請，
願他們也迅速成為真實修行者。

回應多位已廣開法眼之人的請求，名為確吉．尼瑪的祖古者，爲本書新版寫下這幾行祝願文。

附錄

《大手印之燈》詞彙解釋

· **Acceptance**（藏文拼音 bzod pa）忍。加行道四善根之一。

· **Acharya Shantipa**（藏文拼音 slob dpon shan ti pa）阿闍梨（金剛上師）香帝巴。大手印傳承中的一位印度大師。

· **Aggregate**（藏文拼音 phung po）蘊。參見「五蘊」（Five skandhas）一詞。

· **Akanishtha**（藏文拼音 'og min）色究竟天、奧明天。「無上」淨土，法身佛金剛持的淨土。有各種不同型態。｛譯註：另說為報身佛的淨土，視文章內涵而有不同意義。｝

· **Alaya**（藏文拼音 kun gzhi）阿賴耶。一切輪迴與涅槃的基礎。參見「遍基」（All-ground）一詞。

· **All-encompassing purity**（藏文拼音 dag pa rab 'byams）涵攝一切的清淨。情器世間的五蘊、五大等，其清淨面向（淨分）是五方佛與佛母。

- **All-ground**（藏文拼音 kun gzhi, alaya）遍基。心以及清淨與不清淨現象的基礎。此詞在不同情況下有不同的意義，應根據情況而理解。字面的意義為「一切事物的基礎」。
- **All-ground consciousness**（藏文拼音 kun gzhi'i rnam par shes pa）遍基識、阿賴耶識。「遍基」的認知面向，有如鏡子的明亮性。
- **All-ground of various tendencies**（藏文拼音 bag chags sna tshogs pa'i kun gzhi）各種習氣的遍基。作為輪迴諸串習基礎的阿賴耶。
- **Appearance and existence**（藏文拼音 snang srid）顯相與存有，簡稱「顯、有」。一切可被經驗到的五大元素以及一切可能具存在性的五蘊。這個詞彙通常指器世界與有情眾生。
- **Attribute**（藏文拼音 mtshan ma）表徵。
- **Authoritative scriptures**（藏文拼音 gzhung）具權威的典籍。已建立其可信度的哲學書籍。
- ***Avatamsaka Sutra***（藏文拼音 mdo phal po che）《大方廣佛華嚴經》。屬於佛陀三轉法輪的經典。英譯版有香巴拉出版社發行的*Flower Adornment Sutra*。
- **Avichi hell**（藏文拼音 mnar med kyi dmyal ba）阿鼻地獄。八熱地獄中的最下層。

- **Awareness discipline**（藏文拼音 rig pa rtul zhugs）明禁行（明覺戒律）。既不接受、亦不拒絕的行為。
- **Basic straying from the essence of emptiness**（藏文拼音 stong nyid gshis shor）根本偏離空性的體性。
- **Basic straying from the path**（藏文拼音 lam gyi gshis shor）根本偏離修道。
- **Basic straying from the remedy**（藏文拼音 gnyen po gshis shor）根本偏離對治。
- **Basic straying into generalized emptiness**（藏文拼音 stong nyid rgyas 'debs su gshis shor）根本偏離而誤入概論化的空性。
- **Bhumi**（藏文拼音 sa）地。菩薩的果位或階段，五道中最後三道的十個階段。參見「十地」（ten bhumis）。
- **Bodhichitta**（藏文拼音 byang sems, byang chub kyi sems）菩提心。為了一切眾生，希望證得佛果的發願。
- **Brahmin**（藏文拼音 bram ze）婆羅門。屬於僧侶階級的人。

· **Brilliant**（藏文拼音 'od 'phro ba）焰慧地。菩薩十地中的第四地。

· **Buddha of your own mind**（藏文拼音 rang sems sangs rgyas）自性佛。自己的心所具有的成佛體性。

· **Buddhahood**（藏文拼音 sangs rgyas）佛果。既不住於輪迴，亦不住於涅槃的圓滿正等正覺。

· **Causal vehicles**（藏文拼音 rgyu'i theg pa）因乘。與小乘和大乘此二乘意義相同之詞。此二乘的修行者將修持當作是獲得佛果的起因。

· **Channel, wind, and essence**（藏文拼音 rtsa rlung thig le）脈、氣、明點。物質軀體的脈（管道）、能量（氣、風息），以及精華明點。

· **Chö**（藏文拼音 gcod）斷法、斷境法（一般稱為施身法）。發音為「卻」或「倔」。字面意義為「斬斷」。以《般若波羅蜜多經》為基礎，由瑪姬・拉準所制訂的修持體系，其目的在於斷除四魔與我執。是西藏八大佛教實修傳承當中的一支。

· **Chökyi Nyima Rinpoche**（藏文拼音 chos kyi nyi ma rin po che）確吉·尼瑪仁波切。噶寧講修寺（Ka-Nying Shedrub Ling Monastery）的住持，也是祖古·烏金仁波切的長子。在西方著有《大手印及大圓滿雙運》（*Union of Mahamudra and Dzogchen*）以及《當下清新覺智》（*Present Fresh Wakefulness*），皆由自生慧出版社（Rangjung Yeshe Publications）於西元1987年出版。

· **Chittamatra**（藏文拼音 sems tsam pa）唯識。大乘中的唯識派，主張的見地是一切現象都「只是」「心」的顯現。

· **Cloud of Dharma**（藏文拼音 chos kyi sprin）法雲地。菩薩十地的第十地。

· **Coemergent**（藏文拼音 lhan cig skyes pa）俱生。心的兩個面向　顯分與空分　兩者同時存在。如教法所說：「俱生心即是法身，俱生顯相則是法身之光。」

· **Coemergent ignorance**（藏文拼音 lhan cig skyes pa'i ma rig pa）俱生無明。「俱生」意指與自己的心同時生起或同時存在，有如檀香與它的香氣。「無明」在這裡指不了知自心本性。在大手印的修持中，指迷妄的面向（迷分），忘失自心的時刻，使得迷惑想法發生。

- **Coemergent wisdom**（藏文拼音 lhan cig skyes pa'i ye shes）俱生智。一切有情眾生內在都潛藏所具的本有覺智。「智」在這裡指「本初無迷妄的覺智」。
- **Cognizant quality**（藏文拼音 gsal cha）能知力、認知特性。心本來具有的了知能力。
- **Common vehicles**（藏文拼音 thun mong gi theg pa）共乘。小乘佛教與大乘佛教的合稱，且相較於「不共乘」的金剛乘。
- **Complete enlightenment**（藏文拼音 rdzogs pa'i byang chub）正等正覺、完全證悟。與「佛果」意義相同。
- **Completion stage**（藏文拼音 rdzogs rim）圓滿次第。「有相圓滿次第」是那洛六法，「無相圓滿次第」是精藏大手印的修持。參見「生起與圓滿」（development and completion）。
- **Concept and discernment**（藏文拼音 rtog dpyod）概念與辨別。粗的概念與細的辨別。
- **Conceptual ignorance**（藏文拼音 kun tu brtags pa'i ma rig pa）分別無明、概念無明。在金剛乘中，將主體與客體加以概念化的無明。在經部體系中，外加於其上的或「學習而得」的邪見。在大手印修持中，特別表示概念性的思考。

- **Confusion and liberation**（藏文拼音 'khrul grol）迷惑與解脫。與輪迴和涅槃意義相同。
- **Consciousnesses of the five senses**（藏文拼音 sgo lnga'i rnam par shes pa）五根識。對於視覺形象、聲音、氣味、味道，以及觸感的認知行為。
- **Cutting through**（藏文拼音 khregs chod）斷除。斬斷三時的意念之流。與「立斷」（藏文拼音trekcho，且卻）同義。
- **Dakpo Kagyu**（藏文拼音 dvags po bka' brgyud）達波噶舉傳承。經由岡波巴所傳下來的噶舉派。岡波巴的另一個名諱為「達波拉傑」，意思是「達波的醫生」。
- **Defiled mind**（藏文拼音 nyon yid, nyon mongs pa'i yid kyi rnam par shes pa）迷妄心、染污心（末那識）。心的一個面向，取遍基為參考點而形成「我是」的想法，是八識的其中一識。｛譯註：具恆審思量之性，又稱思量識；為第六識意識之所依識。｝
- **Definitive meaning**（藏文拼音 nges pa'i don）了義、究竟義。對空性與明性的直接教導，與其相對的是通往了義的方便義（不了義）。

· **Dependent**（藏文拼音 gzhan dbang） 相依、依他起。根據唯識派與瑜伽行派的哲理，是「三性」的其中一種。﹛譯註：「三性」為遍計所執性、依他起性、圓成實性。﹜

· **Dependent origination**（藏文拼音 rten cing 'brel bar 'byung ba） 相依緣起。一切現象「依賴」本身的因與其個別條件的「緣」而發生的自然法則。「沒有任何現象是無因而顯現，且沒有任何現象是由無因的創造者所造，而是所有現象完全是依著因和緣的相遇而發生」的事實。

· **Desire Realm**（藏文拼音 'dod khams） 欲界。欲界中包含地獄眾生、餓鬼、畜生、人、阿修羅，以及欲界天人六處居所的天人。由於受粗重貪欲和執著所起的心意痛苦而折磨，因此稱為「欲界」。

· **Desire, Form and Formlessness, the realms of**（藏文拼音 'dod gzugs gzugs med kyi khams） 欲界、色界、無色界。輪迴中的三界。

· **Development and completion**（藏文拼音 bskyed rdzogs） 生起與圓滿。金剛乘修持中的兩個面向。生起次第是由心所造作。圓滿次第是指安住於不造作的心性之中。參見「生起次第」（Development stage）與「圓滿次第」（Completion stage）。

· **Development stage**（藏文拼音 bskyed rim, utpattikrama） 生起次第。金剛乘修持中的兩個面向之一，即以意念創造清淨的形象，以便淨化習氣。參見「生起與圓滿」（Development and completion）。

· **Dharma**（藏文拼音 chos） 法。大寫時（Dharma）指的是佛法；小寫時（dharma）指的是現象或心的對境。

· **Dharma sections**（藏文拼音 chos kyi phung po） 法類。不同教法的整體類別，例如佛語的八萬四千法類。

· **Dharma-door**（藏文拼音 chos kyi sgo） 法門。諸佛教法的譬喻性表示。

· **Dharmadhatu**（藏文拼音 chos kyi dbyings） 法界。「現象的領域」，在此「真如」之中，空性與相依緣起無二無別。在這裡的「法」（Dharma）指實相，而「界」指沒有中間或邊圍的空間。另一個解釋是超越生、住、滅的「現象自性」。

· **Dharmadhatu palace of Akanishtha**（藏文拼音 'og min chos kyi dbyings kyi pho brang） 色究竟天法界宮、奧明法界宮。對法身佛金剛持居所的譬喻性表示。

· **Dharmakaya**（藏文拼音 chos sku）法身。佛三身中的第一身，沒有任何構想概念，有如虛空。一切現象的自性指稱為「身」。應依據基、道、果做個別了解。

· **Dharmakaya of self-knowing**（藏文拼音 rang rig chos sku）自明了法身。自心的法身面向。

· **Dharmakaya Throne of Nonmeditation**（藏文拼音 bsgom med chos sku'i rgyal sa）「無修」的法身寶座。「無修」瑜伽的最後一個階段，執念與概念心完全瓦解，有如離於智識性禪修雲層的一片雲。與圓滿證悟意義相同。

· **Dharmata**（藏文拼音 chos nyid）法性。現象與心的自性。

· **Dhyana**（藏文拼音 bsam gtan）禪那、靜慮。心的專一狀態，仍帶有執念。此外，亦指由此心的專注狀態而產生的天界。

· **Disturbing emotions**（藏文拼音 nyon mongs pa）煩惱。欲望（貪）、憤怒（瞋）、迷妄（癡）、驕傲（慢）、嫉妒（忌），這些會使自心疲累、受到干擾以及折磨。

· ***Dohakosha***（藏文拼音 do ha mdzod）道歌文集，音譯多訶具舍。大手印傳承的印度大師們，因自然流露所作的即興金剛道歌文集。

- **Drukpa Kagyu school**（藏文拼音 ’brug pa bka’ brgyud） 竹巴噶舉教派。從岡波巴傳到帕摩竹巴的噶舉派教法。
- **Dualistic phenomena**（藏文拼音 gnyis snang） 二元現象、分別法。由「能知者」與「所知境」所建構而成的經驗。
- **Dzogchen**（藏文拼音 rdzogs pa chen po; rdzogs chen） 大圓滿。超越因乘的教導，在人間是由大持明者噶拉．多傑（Garab Dorje）首傳。
- **Dzogchen of the Natural State**（藏文拼音 gnas lugs rdzogs pa chen po）本然狀態大圓滿、實相大圓滿。與「立斷」見地意義相同，並與「精藏大手印」意義相同。
- **Eight collections of consciousnesses**（藏文拼音 rnam shes tshogs brgyad） 八識。遍基識（即第八識：阿賴耶識）、意識（即第六識）、煩惱心（即第七識：末那識），以及五根識（即第一到第五識）。
- **Eight deviations**（藏文拼音 shor sa brgyad） 八種偏離。四種根本和四種暫時的歧途。
- **Eight Practice Lineages**（藏文拼音 sgrub brgyud shing rta brgyad） 八大實修傳承。在西藏興

盛廣傳的八個獨立教派：寧瑪巴（舊譯傳承）、噶當巴（佛語傳承）、馬爾巴噶舉（馬爾巴口耳傳承）、香巴噶舉（香巴口耳傳承）、薩迦（道果傳承）、究竹（覺囊派）、息法（能寂派），以及斷法（斷境派）。

- **Eight qualities of mastery**（藏文拼音 dbang phyug brgyad）八自在功德。
- **Eight worldly concerns**（藏文拼音 'jig rten chos brgyad）世間八法、世間八風。貪戀獲利、享樂、稱讚、美譽，以及拒斥衰損、痛苦、譏責，以及毀謗（惡名）。
- **Eightfold noble path**（藏文拼音 'phags lam gyi yan lag brgyad）八正道。字面意義為「聖者之道的八個面向」，即正見、正思惟、正語、正業、正命、正精進、正念、正定。八正道在「修道」位上得以圓滿。
- **Eighty inherent thought states**（藏文拼音 rang bzhin brgyad cu'i rtog pa）八十性妄（八十自性尋思）。三十三種來自於瞋怒，四十種來自貪欲，七種來自癡妄。首先，來自於瞋怒的三十三種性妄，根據聖天菩薩所著《行持總論》（*Spyod bsDus*）為：冷漠、中等冷漠、極度冷漠、念來、念去、悲傷、中等悲傷、強烈悲傷、沉著、概念化、恐懼、中等恐懼、極度恐懼、渴求、中等渴求、極度渴求、取、不善、餓、渴、感覺、中等感覺、極度感覺、知道、認知、感知基礎、辨別、良知、悲心、愛心、中等愛心、極度愛心、領悟力、吸引力，以及嫉妒。其次，根據同一書，貪欲的四十種性妄為：貪戀、缺乏明性、徹底欲求、歡喜、中等歡喜、極度歡喜、隨喜、極度喜悅、驚奇、大笑、滿意、擁抱、親吻、緊握、支持、努力、驕傲、投入、協助、力量、喜悅、和合大樂、中等和合大樂、極度和合大樂、優雅、極度挑逗、敵意、善德、清澈、真、假、確定、取、施、鼓勵、勇氣、無愧、得意、惡意、任性，以及極度欺騙。根據同一書，癡妄的七種性妄為：中等貪戀、健忘、迷惑、無語、倦怠、懶惰、懷疑。〔譯註：依據《大圓滿法性自解脫論導引文如意藏》，瞋所生三十三性妄為離貪、中離貪、極離貪、意行、意去、憂苦、中憂苦、極憂苦、寂靜、尋思、怖畏、中怖畏、極怖畏、貪求、中貪求、極貪求、近取、不善、饑、渴、受、中受、極受、作明者、明基、妙觀察、知慚、悲憫、中悲憫、極悲憫、具慮、積蓄、嫉妒等。貪所生四十性妄為貪、中貪、遍貪、喜、中喜、極喜、悅、極愉悅、稀有、笑、滿足、摟擁、吻、吮咂、固、勤、慢、作、伴隨、力、奪、合歡、極合歡、嬌媚、嬌相、怨恨、善、明句、真實、非真實、決定、近取、激他、權威、無恥、欺誑、苦者、不馴、不誠等。癡所生七種性妄為中貪、忘失、迷亂、不語、懨嫌、懈怠、疑悔等。於《大乘要道密集》等論典中另有不同的分類。〕

- **Elaborate conduct**（藏文拼音 spros bcas kyi spyod pa） 有戲論行持。多種增益修持的方式之一。獲取食物和衣著的行為，例如商人，或者持守詳細的戒律和儀式。
- **Emancipation-gate of emptiness**（藏文拼音 rnam par thar pa'i sgo stong pa nyid）空性解脫門。「三解脫門」之一。
- **Emancipation-gate of marklessness**（藏文拼音 rnam par thar pa'i sgo mtshan ma med pa） 無相解脫門。「三解脫門」之一。
- **Emancipation-gate of wishlessness**（藏文拼音 rnam par thar pa'i sgo smon pa med pa） 無願解脫門。「三解脫門」之一。
- **Empowerment**（藏文拼音 dbang） 灌頂。賦予修持金剛乘教法的力量或認可，是進入密續修持必不可少的入門。
- **Ensuing perception**（藏文拼音 rjes snang） 隨後感知。後得狀態中的感知或所感知的顯相。
- **Ensuing understanding**（藏文拼音 rjes shes） 隨後了知。後得狀態中的心的狀態。

- **Essence Mahamudra**（藏文拼音 snying po'i phyag chen）精藏大手印。直接引見，並非憑藉哲學推理而引見大手印根本見地的「經部大手印」，亦非憑藉瑜伽修持而引見大手印根本見地的「續部大手印」。
- **Essence of awareness**（藏文拼音 rig ngo）覺性的體性。與心的自性意義相同。
- **Essence, nature and capacity**（藏文拼音 ngo bo rang bzhin thugs rje）體性、自性與力用。大圓滿體系中如來藏的三個面向。
- **Essence, nature and expression**（藏文拼音 gshis gdangs rtsal）體性、自性與展現。大手印體系中如來藏的三個面向。
- **Essential nature of things**（藏文拼音 dngos po gshis kyi gnas lugs）事物的根本性質。參見「真如」（suchness）。
- **Eternalism**（藏文拼音 rtag lta）常見、恆存主義的見地。相信有恆常且無因的萬物創造者，特別是，相信自己的本體或意識有個具體的體性，且其是獨立久長且單一的。
- **Ever-Excellent conduct**（藏文拼音 kun tu bzang po'i spyod pa）普賢行。

- **Exaggeration and denigration**（藏文拼音 sgro btags + skur ’debs） 增、損，誇大與詆毀。對於不存在或不具表徵的事物附加上存在或表徵，且對於存在或具表徵的事物低估其存在或表徵。
- **Exhaustion of phenomena beyond concepts**（藏文拼音 chos zad blo ’das） 法遍不可思議相。大圓滿四相的第四者。與圓滿證悟意義相同。
- **Expedient meaning**（藏文拼音 drang don） 不了義、方便義。世俗諦的教法，旨在引導修行者進入「了義」（究竟義）。
- **Experiences**（藏文拼音 nyams） 覺受、經驗、感受。通常指經由禪修而產生的樂、明、無念之暫時經驗。特定而言，是三種階段的其中一個：智識理解、覺受、了悟。
- **Expression manifest in manifold ways**（藏文拼音 rtsal sna tshogs su snang ba） 多重化現。根據大手印，是如來藏三種面向中的第三種：體性、自性、展現。
- **Extreme of eternalism**（藏文拼音 rtag mtha’） 常邊。參見「常見」（Eternalism）。
- **Extreme of nihilism**（藏文拼音 chad lta） 斷邊。參見「斷見」（Nihilism）。

- **Fabricated attributes**（藏文拼音 spros mtshan）造作而來的表徵。生起與終止、單數或多數、來和去、恆常與斷滅等特性，這些被謬誤地歸屬到事物的自性或如來藏之上。
- **First Dhyana**（藏文拼音 bsam gtan dang po）初禪。色界四禪天中的一個，由同樣稱為初禪的禪定狀態所產生。
- **Five bodhisattva paths**（藏文拼音 byang chub sems dpa'i lam lnga）五菩薩道。參見「五道」（Five paths）。
- **Five elements**（藏文拼音 khams/ 'byung ba lnga）五大。地、水、火、風、空。
- **Five eyes**（藏文拼音 spyan lnga）五眼。肉眼、天眼、妙觀察智眼、法眼、智慧眼（或稱「佛眼」）。
- **Five faculties**（藏文拼音 dbang po lnga）五根。「統御」（ruling）加行道四善根之前二者{煖、頂}的五種能力：信根、精進根、正念根、三昧根、智慧根。
- **Five major root winds**（藏文拼音 rtsa ba'i rlung chen lnga）五種根本風息。具有五大元素的性質，在人體內循環的氣：「持命氣」、「下行氣」、「上行氣」、「平住氣」、「遍行氣」。

- **Five minor branch winds**（藏文拼音 yan lag gi lung phran lnga） 五種支分風息。{譯註：行風、全行風、正行風、極行風、定行風。或稱為龍、龜、蜥蜴、天授和勝弓等五支分氣。}
- **Five paths**（藏文拼音 lam lnga） 五道。資糧道、加行道、見道、修道、無學道。涵蓋從開始修持佛法到完全證悟為止整個過程的五個修道。
- **Five powers**（藏文拼音 stobs lnga） 五力。與「具統御力」（ruling）的五根雷同，但不同之處為五力會因惡緣而變得堅固。加行道中四善根的後二者{譯註：忍、世第一法}。
- **Five skandhas**（藏文拼音 phung po lnga） 五蘊。包含構成有情眾生身、心要素的五種面向：色蘊、受蘊、想蘊、（心意上的）行蘊和識蘊。
- **Five superknowledges**（藏文拼音 mngon shes lnga） 五神通。具有神足通、天眼通、天耳通、宿命通，以及他心通的能力。
- **Formless Realm**（藏文拼音 gzugs med kyi khams） 無色界。修得四種禪定的未證悟者之居所。參見「四無色界」。

- **Four applications of mindfulness**（藏文拼音 dran pa nye bar bzhag pa bzhi） 四念處。身、受、心、現象（法）的正念。四念處的體性為與正念同時存在的般若慧，主要在資糧道的下品階段修持。
- **Four aspects of ascertainment**（藏文拼音 nges byed kyi yan lag bzhi） 四善根。參見「加行道四善根」（Four aspects of the path of joining）。
- **Four aspects of the path of joining** 加行道四善根：煖、頂、忍，以及世第一法。參見（heat, summit, acceptance, supreme mundane quality or Supreme Attribute）。
- **Four domains of the Realm of Form**（藏文拼音 gzugs khams kyi gnas ris bzhi） 色界四禪天。已經修得「四禪」禪修狀態的眾生之居所。
- **Four Formless Realm**（藏文拼音 gzugs med kyi khams bzhi） 四無色界。住於以下四種念頭的未證悟禪修狀態：空無邊處天、識無邊處天、無所有處天、非想非非想處天。
- **Four formless spheres of finality**（藏文拼音 gzugs med kyi skye mched mu bzhi） 四無色界。
- **Four joys**（藏文拼音 dga' bzhi） 四喜。喜、勝喜、離喜、俱生喜。

· **Four kayas**（藏文拼音 sku bzhi）｛佛果｝四身。三身再加上體性身（或稱自性身）。

· **Four legs of miraculous action**（藏文拼音 rdzu ’phrul gyi rkang pa bzhi）四神足、四如意足。欲神足、觀神足、勤神足、心神足（三摩地神足）。在資糧道的上品階段可得圓滿。

· **Four levels of emptiness**（藏文拼音 stong pa bzhi）四空。空、善空、大空及一切空（英文直譯：空性、特別空性、大空性、普遍空性）。

· **Four right exertions**（藏文拼音 yang dag spong ba bzhi）四正勤。未生惡令不生、已生惡令永斷、已生善令增長、未生善令得生。四正勤在資糧道的中品階段可得圓滿。

· **Four section of tantra**（藏文拼音 rgyud sde bzhi）四部密續。事部、行部、瑜伽部、無上瑜伽部。

· **Four visions of Dzogchen**（藏文拼音 rdzogs chen gyi snang ba bzhi）大圓滿四相。大圓滿修持中的四個階段：法性現前相、證悟增長相、明智如量相、法遍不可思議相。

· **Four yogas**（藏文拼音 rnal ’byor bzhi）四瑜伽。與「大手印四瑜伽」意義相同。

· **Four Yogas of Mahamudra**（藏文拼音 phyag chen gyi rnal ’byor bzhi）大手印四瑜伽。大手印修持的四個階段：專一、離戲、一味，以及無修。

- **Fourth empowerment of Mantra**（藏文拼音 sngags kyi dbang bzhi pa）密咒第四灌頂。也稱為「句義灌」（珍貴文字灌頂）（藏文拼音 tshig dbang rin po che），其目的在於指出心的自性。

- **Forty thought states resulting from desire**（藏文拼音 'dod chags las byung ba'i rtog pa bzhi bcu）貪所生四十性妄。參見「八十性妄」（eighty inherent thought states）。

- **Fruition Mahamudra**（藏文拼音 'bras bu phyag chen）果大手印。圓滿佛果的狀態。

- **Gampo Mountain**（藏文拼音 sgam po ri）岡波山。岡波巴大師於中藏的法座所在地。

- **Garuda**（藏文拼音 mkha' lding）大鵬金翅鳥。神話中的一種鳥，能在一次的雙翅擺動之間即從宇宙的一個盡頭飛翔到另一個盡頭。

- **Gathering the accumulations**（藏文拼音 tshogs bsags pa）積聚資糧。圓滿福德與智慧「二種資糧」的善法修持。

- **General ground of samsara and nirvana**（藏文拼音 'khor 'das kyi spyi gzhi）輪迴與涅槃的共同基礎。

- **General Preliminaries**（藏文拼音 thun mong gi sngon ’gro） 共的前行。對人身難得、死與無常、因果業力，以及輪迴過患的四種思量。
- **General Secret Mantra**（藏文拼音 gsang sngags spyi） 共的密咒乘。「四部密續」中的前三者。｛譯註：事部、行部、瑜伽部。｝
- **General vehicles**（藏文拼音 thun mong gi theg pa） 共乘。小乘與大乘。與共乘（common vehicles）一詞意義相同。
- **God realms**（藏文拼音 lha ris） 天界。欲界中的六個天人居所；色界中的十七個天人居所；以及無色界中的四個天人居所。
- **Good Intelligence**（藏文拼音 legs pa’i blo gros） 善慧地。菩薩十地的第九地。
- **Gradual type**（藏文拼音 rim gyis pa） 漸悟者。依循漸進方式達到證悟的修行者。
- **Great Brahmin**（藏文拼音 bram ze chen po） 大婆羅門。參見薩拉哈（Saraha）。
- **Great darkness of beginningless time**（藏文拼音 thog med dus kyi mun pa chen po） 無始大闇。有情眾生心中長存的本初無明。

· ***Great Pacifying River Tantra***（藏文拼音 zhi byed chu bo chen po'i rgyud）《大息河續》。

· **Ground Mahamudra**（藏文拼音 gzhi phyag chen）基大手印。

· **Group conduct**（藏文拼音 tshogs spyod）聚行（團體行持）。多種行持中的一種。

· ***Guhyagarbha Tantra***（藏文拼音 rgyud gsang ba snying po）《秘密藏續》。舊譯派中名聞遐邇的一部大瑜伽續。

· **Guhyamantra**（藏文拼音 gsang sngags）秘密咒。金剛乘或密續教法的同義詞。「guhya」意指祕密，有被隱藏和自秘密兩種意義。「mantra」在這裡指卓越、優勝，或值得稱頌。與「密咒」（Secret Mantra）意義相同。

· **Guru Rinpoche**（藏文拼音 gu ru rin po che）蓮花生大士、蓮師。「珍貴的上師」｛譯註：藏人尊稱之｝，指蓮花生大士，梵文名字的音譯為「貝瑪卡拉」、「貝瑪桑巴瓦」。

· **Guru yoga**（藏文拼音 bla ma'i rnal 'byor）上師瑜伽、上師相應法。祈請證悟上師賜予加持，以及將自己的心與證悟上師的心融合為一的修持法。是不共的內前行當中的一種。

· **Gyalwa Lorey**（藏文拼音 rgyal ba lo ras）嘉華羅日，尊勝的羅日巴。竹巴噶舉派的一位大師。參見「羅日巴」（Lorepa）。

· **Habitual tendencies**（藏文拼音 bag chags）習氣，串習。烙印在遍基識中的細微傾向。

· **Hard to Conquer**（藏文拼音sbyang dka' ba）極難勝地。菩薩十地的第五地。

· **Heat**（藏文拼音 drod）煖，暖。「加行道」上四善根的第一個。同時具有專注與般若慧，快要接近「見道」中的焰慧地。

· **Hinayana**（藏文拼音 theg pa dman pa）小乘。專注於思量四聖諦與十二因緣以求個人解脫的乘門。

· **Ignorant aspect of the all-ground**（藏文拼音 kun gzhi ma rig pa'i cha）遍基的無明面向。與俱生無明為同義詞。

· **Inexhaustible adornment wheel of Body, Speech and Mind**（藏文拼音 sku gsung thugs mi zad pa rgyan gyi 'khor lo）身、語、意的無盡莊嚴輪。

· **Infinite Consciousness** 識無邊處天。無色界的第二重天，處於「心識是無邊無盡的！」的念頭中。

・**Infinite Space**（藏文拼音 nam mkha' mtha' yas）空無邊處天。無色界的第一重天，處於「虛空是無邊無盡的！」的念頭中。

・**Inseparability of the three kayas**（藏文拼音 sku gsum dbyer med）三身無別。

・**Instantaneous type**（藏文拼音 cig car ba'i rigs）頓悟者。修行者的一類，無需歷經修道上的漸進階段。

・**Intellectual understanding**（藏文拼音 go ba）智識理解。是智識理解、覺受、了悟三步驟中的第一個。

・**Joyous**（藏文拼音 rab tu dga' ba）歡喜地。菩薩十地的第一地。

・**Ka-Nying Shedrub Ling Monastery**（藏文拼音 bka' snying bshad sgrub gling）噶寧謝竹林寺（音譯）、噶寧講修寺。祖古確吉尼瑪仁波切在尼泊爾博達納（Boudhanath）的寺院。寺名的意思為「噶舉與寧瑪派教法與實修的聖地」。｛譯註：謝竹，講授教法與實際修行，簡稱「講修」；林，即是寺院或修行聖地之意。｝

・**Kaya**（藏文拼音 sku）佛身。指身體，或具許多功德的體現之「身」。

- **Kayas and wisdoms**（藏文拼音 sku dang ye shes） 佛身與佛智。佛的四身與五智。
- ***King of Samadhi Sutra***（藏文拼音 ting ’dzin rgyal po’i mdo）《三摩地王經》，屬於佛陀三轉法輪的一部經典。
- **Lamdrey**（藏文拼音 lam ’bras） 道果。藏傳佛教中，薩迦派的主要教法。
- ***Lankavatara Sutra***（藏文拼音 lang kar gshegs pa’i mdo）《大乘入楞伽經》，屬於佛陀三轉法輪的一部經典。作為瑜伽行派和唯識派的基礎。
- **Liberating instructions**（藏文拼音 grol byed kyi khrid） 解脫教言。從真實上師處所領受的口傳教導，加以修持時能令一個人的心從迷妄中解脫。
- **Liberation**（藏文拼音 thar pa） 解脫。從輪迴界的存有之中解脫。
- **Lord Dawö Zhonnu**（藏文拼音rje zla ’od gzhon nu） 怙主達哦雄努。岡波巴大師的別號，梵文為月光童子（Chandrakumara）。〔譯註：岡波巴大師的前世之一，由釋迦牟尼佛授記將成為一位僧人醫師。堪布卡塔仁波切於講解岡波巴大師著名的《解脫莊嚴寶論》時說道：岡波巴大師在釋迦牟尼佛住世的時候，是世尊的大弟子之一——月光童子。有一次，世尊在靈鷲山講《三摩地王經》時，向眾弟子問道：「有誰能發願在未來世宏揚此經教義？」，月光童子便於大眾之中起立，說道：「我願在未來世，廣大弘揚此經教法，饒益一切有情。」當代噶舉大師堪千創古仁波切則於開示「岡波巴四法」的時候說：佛陀授記：「月光童子將化身為措伽比丘（岡波巴大師別名），投生在名為『若嘿達』的河邊。五百位菩薩眾將化身為大師的五百位弟子。」｝

· **Lord Gampopa**（藏文拼音 rje btsun sgam po pa）岡波巴大師。所有噶舉支派的共同祖師。參見美國香巴拉出版社（Shambhala Publications）發行的《密勒日巴傳》（*Life of Milarepa*）、《智慧之雨》（*Rain of Wisdom*）兩本書。｛尚無中譯｝

· **Lorepa**（藏文拼音 lo ras pa）羅日巴。竹巴噶舉派的一位偉大傳承上師。

· **Lotus of Nonattachment**（藏文拼音 ma chags pad ma）無貪蓮花地。菩薩地的第十二地。

· **Lower tantras of Mantra**（藏文拼音 sngags kyi rgyud sde ’og ma）下部密續（外三密）。密續的其中三部：事部、行部、瑜伽部。

· **Lower vehicles**（藏文拼音 theg pa ’og ma）下乘。相較於金剛乘，下乘為聲聞、緣覺、菩薩乘。

· **Luminosities of mother and child**（藏文拼音 ’od gsal ma bu）母子光明。「母光明」是一切眾生內在都具有的佛性。「子光明」是認出上師向弟子所指出的光明。

· **Luminosity**（藏文拼音 ’od gsal）明性。字面意義為「離於無明闇且具了知力」。明性的兩個面向分別為有如明朗開闊天際的「空的明性」，以及有如五彩光芒、影像等的「顯的明性」。明性是清晰的覺智，一切輪迴與涅槃之中都具有的無形無狀自性。

· **Luminous wakefulness of dharmata**（藏文拼音 chos nyid ’od gsal gyi ye shes）法性光明覺智。

· **Machik Labdron**（藏文拼音 ma gcig lab sgron）瑪姬・拉準。開創斷法（施身法）傳承的偉大女性上師。

· **Mahasandhi**（藏文拼音 rdzogs pa chen po）大圓滿。與 Dzogchen 同義，字面意義為「偉大的圓滿」，根據寧瑪派或舊譯派，是了悟自身佛性的最直接方法。

· **Mahayana**（藏文拼音 theg pa chen po）大乘。為利益一切眾生而致力圓滿證悟佛果的菩薩乘。參見彌勒菩薩所著的《現觀莊嚴論》（*Abhisamayalamkara*）。

- **Main part of practice**（藏文拼音 nyams len gyi dngos gzhi）正行。指前行之後的修持部分：不論是本尊修持，或此處的大手印實際修持。
- **Maitreya**（藏文拼音 byams pa）彌勒菩薩，慈氏。釋迦牟尼佛的菩薩攝政（補處），目前居住於兜率天，直到成為此劫的第五佛。
- **Manibhadra**（藏文拼音 nor bzang）寶賢菩薩。過去劫中的一位大菩薩。
- **Mantra Mahamudra**（藏文拼音 sngags kyi phyag chen）續部大手印、咒大手印。與那洛六法相關的大手印修持。參見本書祖古・烏金仁波切的〈大手印之燈〉引言。
- **Marks and signs**（藏文拼音 mtshan dpe）佛的相好莊嚴。圓滿佛陀的三十二大人相以及八十種隨形好。
- **Means and knowledge**（藏文拼音 thabs dang shes rab, prajna and upaya）方便與智慧。一般而言，佛果是經由結合方便與智慧而獲得，在大乘中為大悲與空性，在金剛乘中是生起與圓滿次第。若是特別根據噶舉派，這兩者的「方便道」指六法，「解脫道」指大手印的實修。

· **Meditation**（藏文拼音 sgom pa） 禪修；修持。在大手印的修持當中，指「逐漸熟習的行為」或「保任相續性」。

· **Meditation and postmeditation**（藏文拼音 mnyam bzhag dang rjes thob） 禪定與後得、座上與座下禪修。「禪定」在這裡指安住於平等捨之中，離於心意造作。「後得」是指從禪定中分心渙散時。

· **Mental constructs**（藏文拼音 spros pa） 心意造作。概念的形成。

· **Mind consciousness**（藏文拼音 yid kyi rnam par shes pa） 意識。根據《阿毘達摩》，是八識之一，其作用為分辨以及給予事物標示。

· **Mind-stream**（藏文拼音 sems rgyud） 心續。個別認知的串連延續。

· **Miraculous powers**（藏文拼音 rdzu 'phrul） 神變力、神幻力。

· **Mundane dhyana**（藏文拼音 'jig rten pa'i bsam gtan） 世間禪定。有所貪著的禪修狀態，特別是貪著樂、明、無念，以及無法洞察「我」是空性的。

· **Mundane samadhis**（藏文拼音 ’jig rten pa’i ting nge ’dzin）世間三摩地。與「世間禪定」相似。

· **Nagarjuna**（藏文拼音 klu grub）龍樹菩薩。印度的大哲學家。

· **Nagi Gompa**（藏文拼音 na gi dgon pa）納吉貢巴。祖古．烏金仁波切的隱居處，靠近尼泊爾的加德滿都。

· **Naked ordinary mind**（藏文拼音 tha mal gyi shes pa rjen pa）赤露平常心。

· **Namo Mahamudraye**（梵文）南無摩訶慕札耶。禮敬大手印。

· **Naropa**（藏文拼音 na ro pa）那洛巴。帝洛巴的大弟子，是噶舉傳承中馬爾巴的上師。

· **Natural face of dharmakaya**（chos sku’i rang zhal）法身本然面貌。

· **Natural face of ground Mahamudra**（藏文拼音 gzhi phyag chen gyi rang zhal）基大手印的本然面貌。

· **Natural face of mind**（藏文拼音 sems nyid rang zhal）心的本貌。

・**Neither Presence nor Absence [of conceptions]**（藏文拼音 ['du shes] yod min med min）非想非非想處天。無色界的第三重天，處於「我的感知既非無也非有」的念頭中。

・**New School**（藏文拼音 gsar ma）新譯派。新譯派有噶舉、薩迦、格魯。〔譯註：專指從譯師仁欽桑波時期開始所出現的藏傳佛教派別，相對於舊譯派的寧瑪教派。〕

・**Niguma**（藏文拼音 ni gu ma）尼古瑪。偉大的印度女性上師，也是瓊波拿究（Khyungpo Naljor）的老師。

・**Nihilism**（藏文拼音 chad lta）斷見、虛無主義。字面的意義為「中斷的見地」。空無的極端見解：沒有投生或業報，以及死亡之後沒有心的存在。

・**Nine dhyanas of absorption**（藏文拼音 snyoms 'jug gi bsam gtan dgu）九次第定。四禪那、四無色定，以及聲聞者的滅盡定。

・**Nirmanakaya**（藏文拼音 sprul sku）化身、化現的身體。佛三身中的第三者。證悟者可調服眾生且可為眾生所看見的面向。

- **Nirvana**（藏文拼音 mya ngan las 'das pa） 涅槃。下品涅槃指的是小乘修行者從輪迴中解脫。當談到佛時，「涅槃」是指證悟的大無住境界，既不落入輪迴的極端，也不落入阿羅漢所證得的寂滅消極狀態。
- **Nonarising essence**（藏文拼音 gshis skye ba med pa） 無生體性。
- **Non-Buddhist extremists**（藏文拼音 mu stegs pa） 外道邊見者。遵從恆存主義（常見）或虛無主義（斷見）此狹隘觀點的哲學老師。
- **Nonconceptual wakefulness**（藏文拼音 rnam par mi rtog pa'i ye shes） 無分別覺智。
- **Nondistraction**（藏文拼音 g. yengs med） 無散亂。不偏離持續的修持。
- **Nonfabrication**（藏文拼音 bzo med） 無造作。
- **Nonfixation**（藏文拼音 'dzin med） 無執念。不執著於主體與客體的狀態。
- **Nonmeditation**（藏文拼音 sgom med） 無修。不執著於所禪修的客體，也不執著於能禪修的主體。另外也指大手印的第四個階段，於此階段，已沒有要進一步「禪修」或「修習」的東西。

- ***Notes on Vital Points***（藏文拼音 gnad kyi zin tig）《要點筆記》。大手印的經典。
- **Nothing Whatsoever**（藏文拼音 ci yang med pa）無所有處天。四無色界的第三重天，處於「一切都沒有了！」的念頭中。
- **Nyingma tradition**（藏文拼音 rnying lugs）寧瑪傳承。主要於藏王松贊干布治國期間以及後續直到仁欽桑波譯師之前，所翻譯並引介到西藏的教法。
- **Obscuration of dualistic knowledge**（藏文拼音 shes bya'i sgrib pa）所知障，二元知見的遮障。執著於主體、客體與行為（作者、受者、所作）的細微遮障。
- **Old and New Schools**（藏文拼音 rnying ma dang gsar ma）新、舊譯派（新、舊學派）。在印度並沒有新、舊學派，這些名詞指的是佛法在西藏的早期與後期弘傳。到藏王赤饒（King Triral）為止的翻譯稱為早期翻譯的舊譯派（藏文拼音 snga 'gyur snying ma），在這之後的則稱為後期翻譯的新譯派（藏文拼音 phyi 'gyur gsar ma）。一般公認洛千仁欽桑波（藏文拼音lo chen rin chen bzang po）是新密咒派的第一位譯師。
- **Old School of the Early Translations**（藏文拼音 snga 'gyur rnying ma）早期翻譯的舊譯派。與「寧瑪傳承」相同。

· **Omniscience**（藏文拼音 rnam mkhyen, thams cad mkhyen pa）遍智、一切智智。與完全證悟或佛果相同。

· **One Taste**（藏文拼音 ro gcig）一味。大手印修持的第三階段。

· **One-pointedness**（藏文拼音 rtse gcig）專一。大手印修持的第一階段。

· **Paramita vehicle**（藏文拼音 phar phyin gyi theg pa）波羅蜜多乘。依據《般若波羅蜜多經》的多部經典，修持五道與十地此漸道的經部體系。

· **Passing stains**（藏文拼音 glo bur gyi dri ma）暫時的染污。如來藏中本來不具有的遮障，有如天空中原本不具有的雲朵。

· **Path Mahamudra**（lam phyag rgya chen po）道大手印。此時修行者趨近於認出如來藏，並運用此認出於自己的修持之中。

· **Path of Accumulation**（藏文拼音 tshogs lam）資糧道。五道中的第一道，強調要積聚福德、信心與正念。

- **Path of Cultivation**（藏文拼音 sgom lam） 修道。五道中的第四道，此時修行者修持較高的菩薩行，特別是八正道支。
- **Path of Fulfillment**（藏文拼音 mthar phyin pa'i lam） 圓滿道。與「無學道」相同。
- **Path of Joining**（藏文拼音 sbyor lam）加行道。五道中的第二道，此時修行者更接近對實相的了悟而就快與此了悟相合。故又稱相合道。
- **Paths of Learning**（藏文拼音 slob pa'i lam） 有學道。五道中的前四道，此時仍然有著進步、修持與學習的概念。
- **Path of Liberation**（藏文拼音 grol lam） 解脫道。大手印修持的道路。
- **Path of No-learning**（藏文拼音 mi slob pa'i lam） 無學道。五道中的第五道，也是圓滿正等正覺的境界。
- **Path of Seeing**（藏文拼音 mthong lam） 見道。五道中的第三道，即是證得初地菩薩果位，從輪迴解脫且了悟實相真諦。
- **Paths and bhumis**（藏文拼音 sa lam） 地與道。五道與菩薩十地。

- **Perfect buddhahood**（藏文拼音 rdzogs pa'i sangs rgyas）圓滿佛果、正等正覺。淨除所有過失與障蔽，以及圓滿所有證悟的功德。
- **Permanent or annihilated**（藏文拼音 rtag pa dang chad pa）永恆或斷滅。「常見」的永恆不朽，或者「斷見」的停止存在。
- **Personal experience**（藏文拼音 rang snang）自顯、個人經驗。舉例為夢境經驗，這個詞彙有時候翻譯為「自己的投射」或者「自我展顯」（self-display）。
- **Personal manifestation**（藏文拼音 rang snang）自顯、個人顯現。與個人經驗（Personal experience）相同。
- **Phenomena**（藏文拼音 chos, snang ba）現象；法。可以被經驗、思考或了知的一切事物。
- **Philosophical Schools**（藏文拼音 grub mtha'）學派。四個佛教思想學派：說一切有部（Vaibhashika）、經量部（Sautrantika）、唯識派（Cittamatra）、中觀派（Madhyamaka）。前二者是小乘，後二者是大乘。
- **Postmeditation**（藏文拼音 rjes thob）後得、座下。一般而言，指投入感官感受與活動的期間。特定而言，指從心的本然狀態渙散時。

· **Practice Lineage**（藏文拼音 sgrub brgyud） 實修傳承。該傳承中的上師強調對於教法的個人經驗，而非學者派的宣講經典（藏文拼音 bshad brgyud）。參見「八大實修傳承」（Eight Practice Lineages）。

· **Prajnaparamita**（藏文拼音 shes rab kyi pha rol tu phyin pa） 般若波羅蜜多；智慧圓滿。「出世智」。洞察空性，超越對主體、客體與行為之執念的大乘教法。

· **Pratyekabuddha**（藏文拼音 rang sangs rgyas） 辟支佛、緣覺、獨覺。「獨自證悟者」。在第二個小乘派別中，主要透過以顛倒次序來觀修十二因緣而達到圓滿的修行者。

· **Precious Word Empowerment**（藏文拼音 tshig dbang rin po che） 句義灌、珍貴的詞句灌頂。參見「第四灌頂」（fourth empowerment）。

· **Preliminaries**（藏文拼音 sngon 'gro） 前行、加行。共的外前行為四思量（轉心法）；不共的內前行為皈依與發菩提心、金剛薩埵修誦、獻曼達，以及上師瑜伽的四乘以十萬次修持。

· **Purifying the obscurations**（藏文拼音 sgrib sbyong） 清淨遮障。淨除如來藏之遮蔽的靈性修持，例如不共前行中的觀修與持誦金剛薩埵心咒。

· **Qualified master**（藏文拼音 bla ma mtshan nyid dang ldan pa）具格上師、具德上師。擁有正見且具有真正菩提心的人。

· **Radiant**（藏文拼音 'od byed pa）發光地。菩薩十地的第三地。

· **Rainbow body**（藏文拼音 'ja' lus）虹身、虹光身。已經竭盡一切執取與執念的修行者，在死亡時，形成肉身的五大粗重元素消融回返其五大精華——五色光。有時會留下毛髮與指甲。

· **Realization**（藏文拼音 rtogs pa）了證、了悟。智識理解、覺受與了悟的第三個依序階段。

· **Realized**（藏文拼音 mngon du gyur pa）現前地。菩薩十地的第六地。

· **Realizing the view**（lta ba rtogs pa）。了悟見地。

· **Realm of Form**（藏文拼音 gzugs kyi khams）色界。輪迴中的十七重天，包含四禪天的後三個以及五淨居。居住在色界中的眾生擁有光體，壽命極長且沒有痛苦的感受。

· **Resultant Secret Mantra**（藏文拼音 'bras bu gsang sngags）密咒果乘。以果為道用的金剛乘體系，相對於「因哲理乘」。參見「密咒」（Secret Mantra）。

- **Ripening empowerments**（藏文拼音 smin byed kyi dbang）成熟灌頂。令眾生的心續成熟，而能夠證得佛的四身的金剛乘灌頂。
- **Royal seat of dharmakaya**（藏文拼音 chos sku'i rgyal sa）法身王位。與圓滿佛果相同。
- **Royal throne of the three kayas**（藏文拼音 sku gsum gyi btsan sa）三身寶座。與圓滿佛果相同。
- **Rupakaya**（藏文拼音 gzugs kyi sku）色身、具有色相之身。佛的報身與化身的統稱。
- **Sadaprarudita**（藏文拼音 rtag tu ngu）常啼菩薩。過去劫中的一位菩薩，是堅定虔敬與堅忍的典範。於《般若波羅蜜多經》中提及這位菩薩。
- **Samadhi**（藏文拼音 ting nge 'dzin）三摩地、三昧、定。「持守相續性或平穩性」。
- **Samadhi of Courageous Movement**（藏文拼音 dpa' bar 'gro ba'i ting nge 'dzin）勇行定。《楞嚴經》（*Surangama Sutra*）中描述的楞嚴三昧。
- **Samadhi of Magical Illusion**（藏文拼音 sgyu 'phrul gyi ting nge 'dzin）如幻三摩地。

- **Samadhi of the First Dhyana**（藏文拼音 bsam gtan dang po'i ting nge 'dzin）第一禪那三摩地。參見「初禪」（first dhyana）。
- **Samadhi of the Majestic Lion**（藏文拼音 seng ge bsgyings pa'i ting nge 'dzin）獅子威三摩地。其英譯描述見於美國香巴拉出版社發行的《大方廣佛華嚴經》（*Flower Adornment Sutra*, Vol. III）中。
- **Samaya**（藏文拼音 dam tshig）三昧耶；誓言。金剛乘修持中的神聖誓言、戒律或者承諾。三昧耶有許多細節，但根本上包含對外與金剛上師和法友們保持和諧關係，以及對內不偏離持續的修持。
- **Sambhogakaya**（藏文拼音 longs spyod rdzogs pa'i sku）報身。「圓滿受用身」。在佛果的五身之中，報身是具足「五圓滿」的諸佛的半顯現之相。「五圓滿」是上師圓滿、眷屬圓滿、處所圓滿、教法圓滿，以及時間圓滿，只有登地菩薩才能看得到。
- **Sameness of space and wakefulness**（藏文拼音 dbyings dang ye shes mnyam pa nyid）空性與覺智不二。

· **Samsara**（藏文拼音 'khor ba） 輪迴。生與死的「惡性輪轉」。一般凡夫眾生受到無明與二元感知、業力與煩惱情緒束縛的狀態。

· **Samsara and nirvana**（藏文拼音 'khor 'das） 輪迴與涅槃。清淨與不清淨的現象。

· **Saraha**（藏文拼音 sa ra ha） 薩拉哈。印度大成就者之一，是大手印傳承的一位上師。

· **Secret conduct**（藏文拼音 gsang ba'i spyod pa）密行。各種不同的行持之一，作為增益修持。

· **Secret Mantra**（藏文拼音 gsang sngags, guhyamantra） 密咒乘。與「金剛乘」同義。參見「祕密咒」（Guhyamantra）。

· **Seeing the mind-essence**（藏文拼音 sems ngo mthong ba） 明心見性，看到心的體性。

· **Self-aware self-knowing**（藏文拼音 rang rig rang gsal） 自覺的自明了。

· **Self-knowing mindfulness**（藏文拼音 rang gsal gyi dran pa） 自明了的正念。

· **Self-entity**（藏文拼音 rang bzhin） 本體、我。個人或現象本來存在且獨立的實體。｛譯註：人無我、法無我的「我」。｝

· **Self-existing natural flow**（藏文拼音 rang byung rang babs）自有本然流續。

· **Self-existing self-knowing**（藏文拼音 rang byung rang gsal）自有的自明了。

· **Self-existing wakefulness**（藏文拼音 rang byung ye shes）自有的覺智、自生智。不倚賴智識作意的基本覺性。

· **Seven aspects of union**（藏文拼音 kha sbyor yan lag bdun）七支和合。報身佛的七種功德：受用圓滿、和合、大樂、無自性、大悲遍滿、利生無斷、永住無滅等七支。

· **Seven bodhi-factors**（藏文拼音 byang chub yan lag bdun）七覺支。定覺支、擇法覺支、念覺支、精進覺支、喜覺支、輕安覺支、捨覺支。

· **Seven thought states resulting from delusion**（藏文拼音 gti mug las byung ba'i rtog pa bdun）癡所生七性妄。參見「八十性妄」（eighty inherent thought states）。

· ***Seven Wheels of Kshitigarbha Sutra***（藏文拼音 sa snying 'khor lo bdun gyi mdo）《地藏七輪經》。｛譯註：漢譯有《地藏十輪經》。｝

- **Shamatha**（藏文拼音 zhi gnas） 奢摩他、止。在念頭的活動平息後的「寂住」或「保持靜止」，或者指為了離於念頭干擾所做的靜心禪修。
- **Shamatha cessation**（藏文拼音 zhi gnas 'gog pa） 奢摩他寂滅。
- **Shamatha that delights the tathagatas**（藏文拼音 de bzhin gshegs dgyes/ dge'i zhi gnas） 令諸如來歡喜的奢摩他。初地菩薩的奢摩他狀態，以空性觀作攝持。
- **Shamatha with attributes**（藏文拼音 mtshan bcas zhi gnas） 有相奢摩他。
- **Shamatha with support**（藏文拼音 zhi gnas rten bcas） 有所緣奢摩他。
- **Shamatha without attributes**（藏文拼音 mtshan med zhi gnas） 無相奢摩他。
- **Shamatha without support**（藏文拼音 zhi gnas rten med） 無所緣奢摩他。
- **Shravaka**（藏文拼音 nyan thos） 聲聞。修持佛陀初轉法輪時所開示四聖諦的修行者。
- **Shravaka's samadhi of peace**（藏文拼音 nyan thos kyi zhi ba'i ting nge 'dzin） 聲聞的寂靜三摩地。
- **Siddha**（藏文拼音 grub thob） 成就者。已經證得悉地的人；成就的大師。

- **Siddhi**（藏文拼音 dngos grub） 悉地、成就。通常指圓滿證悟的「不共悉地」，但也可以指八種世間成就的「共的悉地」。
- **Simplicity**（藏文拼音 spros bral） 離戲。大手印修持的第二個階段。
- **Single circle of dharmakaya**（藏文拼音 chos sku thig le nyag cig） 法身單一明點。
- **Single sufficient jewel**（藏文拼音 nor bu gcig chog） 僅一即足之寶。弟子視為三寶、三根本，以及佛三身化現的個人老師。
- **Six classes of beings**（藏文拼音 'gro ba rigs drug） 六道眾生。天人、阿修羅、人、畜牲、餓鬼，以及地獄眾生。
- **Six collections [of consciousness]**（藏文拼音 [rnam shes] tshogs drug） 六識。五種感官意識以及意識。
- **Six Doctrines of Naropa**（藏文拼音 chos drug） 那洛六法。拙火、幻身、睡夢、明光、中陰、遷識。參見「方便道」（part of means）。

- **Six Ornaments and the Two Supreme Ones**（藏文拼音 rgyan drug mchog gnyis）二勝與六莊嚴。六莊嚴為龍樹菩薩、聖天菩薩、無著菩薩、陳那菩薩、世親菩薩，以及法稱菩薩。二勝是釋迦光和功德光菩薩。
- **Skandhas**（藏文拼音 phung po）蘊集。許多部分的集合。參見「五蘊」（five skandhas）。
- **Skipping the grades type**（藏文拼音 thod rgal ba'i rigs）越級者。
- **Special preliminaries**（藏文拼音 thun min gyi sngon 'gro）不共前行。皈依、發菩提心、金剛薩埵修誦、獻曼達，以及上師瑜伽。
- **Stainless**（藏文拼音 dri ma med pa）離垢地。菩薩十地的第二地。
- **Stillness**（藏文拼音 gnas pa）寂止。無念頭活動及無煩惱情緒，但對於止靜有細微的執念。
- **Suchness**（藏文拼音 de bzhin nyid）真如、如是。空性或者「事物本性」——法性的同義詞。也可以用來形容緣起與空性合一。

- **Sugata-essence**（藏文拼音 bde gshegs snying po） 如來藏、佛性、善逝藏。最常見的梵文名詞，在西方一般稱為「佛性」，也就是每一位有情眾生本來即具有的證悟本質。也是呈現為二諦無別的心之體性的層面，本身即是佛果的體性。
- **Sumeru**（藏文拼音 ri rab） 須彌山。四大部洲正中央的山。參見「須彌山」（Meru）。
- **Superknowledges**（藏文拼音 mngon par shes pa） 神通力。通常指五種「較高的感知」，包括天眼通、他心通等。
- **Supreme Attribute**（藏文拼音 chos mchog） 世第一法。加行道四善根的第四個。是輪迴界中最高的修證成就。
- **Supreme mundane quality**（藏文拼音 'jig rten chos mchog） 殊勝世間功德。與「世第一法」（Supreme Attribute）相同。
- **Sutra**（藏文拼音 mdo） 經。佛陀所說的開示或教法。也指以因為道的所有因地教導。
- **Sutra and Tantra**（藏文拼音 mdo rgyud） 經和續。經部指小乘與大乘的教法。續部指金剛乘。經部指以因為道用，續部則指以果為道用。

· **Sutra Mahamudra**（藏文拼音 mdo'i phyag chen）經部大手印。以《般若波羅蜜多經》為基礎，強調奢摩他（止）與毗婆舍那（觀）以及漸次行經菩薩五道與十地的大手印體系。

· **Sutra system**（藏文拼音 mdo lugs）經部體系。在這裡指漸進的菩薩道。

· **Svabhavikakaya**（藏文拼音 ngo bo nyid kyi sku）體性身、自性身。有時候被視為佛的第四身，是前三身的總集。

· **Symbolic wisdom**（藏文拼音 dpe'i ye shes）譬喻智。第三灌頂中大樂與空性合一的智慧，用來引見第四灌頂的「真實智」。

· ***Tantra of the Two Segments***（藏文拼音 rgyud brtags pa gnyis pa）《二品續》。簡軌《喜金剛續》。{譯註：即目前傳世的簡短版本，較長版本並未傳世。}

· **Tantra**（藏文拼音 rgyud）續部。佛陀以報身相所傳授的金剛乘教法。Tantra 的字面意義為「相續性」，意思是指佛性，「所表示意義之續」。一般而言，是指較經部更崇高的超凡續典，「可表意文字之續」。也可指以果為道用的所有果地教導。

- ***Tantra of Directly Realizing***（藏文拼音 dgongs pa zang thal gyi rgyud）《直趨密意續》。蓮花生大士的伏藏法，由日津・果登（Rigdzin Godem）所取出的續部典籍。日津・果登是取出寧瑪派北伏藏法統的大師，這部續中包含聞名的《普賢王如來祈願文》。
- ***Tantra of the Inconceivable Secret***（藏文拼音 gsang ba bsam gyis mi khyab pa'i rgyud）不可思議秘密續。制定大手印體系的新譯派續典。
- **Tathagata**（藏文拼音 de bzhin gshegs pa）如來。即完全證悟的佛。已經去往（gata）法界如是（tatha）境界的佛。與「善逝」以及「勝者」為同義詞。
- **Temporary straying from the essence**（藏文拼音 gshis kyi 'phral shor）暫時偏離體性。
- **Temporary straying from the path**（藏文拼音 lam gyi 'phral shor）暫時偏離修道。
- **Temporary straying from the remedy**（藏文拼音 gnyen po 'phral shor）暫時偏離對治。
- **Temporary straying into generalizing**（藏文拼音 rgyas 'debs 'phral shor）暫時偏離而誤入概論化。

- **Ten bhumis**（藏文拼音 sa bcu）十地。十個菩薩果位：歡喜地、離垢地、發光地、焰慧地、難勝地、現前地、遠行地、不動地、善慧地、法雲地。
- **Thinking and stillness**（藏文拼音 gnas 'gyu）動與靜。有念頭與無念頭。
- **Third empowerment**（藏文拼音 dbang gsum pa）第三灌頂。阿努瑜伽體系中四種灌頂的第三種，引見大樂與空性的合一（樂空不二）。
- **Thirty-two thought states resulting from anger**（藏文拼音 zhe sdang las byung ba'i rtog pa so gsum）瞋所生三十二性妄。參見「八十性妄」（eighty innate thought states）。{譯註：瞋所生性妄應有三十三種。}
- **Thought arising as meditation**（藏文拼音 rnam rtog bsgom du 'char ba）念頭生起為禪修。
- **Three gates of emancipation**（藏文拼音 rnam thar sgo gsum）三解脫門。空性、無記、無願這三個解脫門。
- **Three kayas**（藏文拼音 sku gsum）三身。法身、報身、化身。作為基的三身是「體性、自性、展現」，作為道的三身是「樂、明、無念」，作為果的三身是「佛果三身」。

- **Three kayas of buddhahood**（藏文拼音 sangs rgyas sku gsum）佛果三身。法身離於戲論造作，並具有「二十一組證悟功德」。報身具有光的自性，並具有唯獨登地菩薩方能得見的三十二相和八十種好。化身則是以清淨與不清淨眾生都能看見的形式示現。
- **Three natures**（藏文拼音 rang bzhin gsum/mtshan nyid gsum）三性。唯識宗與瑜伽行派所立的現象三層面：「遍計所執性」、「依他起性」和「圓成實性」。（被想像出來的）「遍計所執性」（藏文拼音 kun brtags）是兩種我〔人之我、法之我〕。（依緣的）「依他起性」（藏文拼音 gzhan dbang）是八識。（究竟的）「圓成實性」（藏文拼音 yongs grub）是事物的空性自性——如是。
- **Three realms**（藏文拼音 khams gsum）三界。輪迴中的欲界、色界、無色界。
- **Threefold Purity**（藏文拼音 'khor gsum rnam dag）三輪體空、三清淨。不執著主體、客體，以及行為（作者、受者、所作）。
- **Tilopa**（藏文拼音 ti lo pa）帝洛巴。印度大成就者，那洛巴的上師以及噶舉派創教師。
- **Transcendent Knowledge**（藏文拼音 shes rab kyi pha rol tu phyin pa, prajnaparamita）出世智、般若慧、智慧圓滿、般若波羅蜜多。超越概念思維的智慧。

- **Trekcho**（藏文拼音 khregs chod） 立斷（音譯：且卻）。大圓滿修持的兩個主要層面之一。另外一個是頓超（音譯：妥嘎）。
- **True all-ground of application**（藏文拼音 sbyor ba don gyi kun gzhi） 諸行的究竟（勝義）遍基。
- **True wakefulness**（藏文拼音 don gyi ye shes） 真實智。經由第四灌頂所引見的覺、空合一（覺空不二）之覺智。
- **Tulku Urgyen Rinpoche**（藏文拼音 sprul sku u rgyan rin po che） 祖古・烏金仁波切。噶舉和寧瑪傳承的當代大師，在世時住於尼泊爾的納吉貢巴（Nagi Gompa）。
- **Twelve times on hundred qualities**（藏文拼音 yon tan brgya phrag bcu gnyis） 十二種乘以一百倍的功德。初地菩薩可同時化現一百個化身以利益眾生。像這樣能變化各一百倍的能力還有另外十一組。參見彌勒菩薩的《現觀莊嚴論》（*Abhisamayalamkara*）。
- **Two accumulations**（藏文拼音 tshogs gnyis） 二種資糧。福德與智慧資糧。
- **Two kayas**（藏文拼音 sku gnyis） 佛的二身。為自利而證悟的法身，以及為利他而化現的色身。

- **Two rupakayas**（藏文拼音 gzugs sku gnyis）二種色身。報身與化身。
- **Twofold knowledge**（藏文拼音 mkhyen pa gnyis）二智。如實了知自性的覺智，以及能感知所有一切的覺智。對於世俗現象與究竟現象的智慧。
- **Twofold purity**（藏文拼音 dag pa gnyis）二種清淨。本具或本初的清淨，以及已淨除所有暫時遮蔽的清淨。
- **Udumvara flower** 優曇婆羅花，字面意義為「特別著名」或「至上崇高」，據說只有在完全證悟的佛出世時，才會有此花出現與綻放。
- **Unchanging absolute**（藏文拼音 'gyur med yongs grub）圓成實性（不變異的究竟）。與空性或如是相同。參見「三性」（three natures）。
- **Unconditioned dharmadhatu**（藏文拼音 chos dbyings 'dus ma byas）無緣法界。
- **Understanding, experience and realization**（藏文拼音 go myong rtogs gsum）解、覺、證。智識理解、實際覺受，以及不變了證。

· **Unelaborate conduct**（藏文拼音 spros med kyi spyod pa） 無戲論的行持。多種增益修持的種類之一。

· **Unfabricated naturalness**（藏文拼音 ma bcos rang babs） 無造作的本然。

· **Unity of the two kayas**（藏文拼音 sku gnyis zung ’jug） 二身合一。

· **Universal Light**（藏文拼音 kun tu ’od） 普光地。根據經部體系，是第十一地菩薩以及佛果的境界。

· **Unobstructed nature**（藏文拼音 gdangs dgag med） 無礙自性。根據大手印體系，是如來藏的三個層面之一：體性、自性、展現。

· **Unshakable**（藏文拼音 mi g.yo ba）不動地。菩薩十地的第八地。

· ***Uttaratantra***（藏文拼音 rgyud bla ma） 《究竟一乘寶性論》。彌勒菩薩所著，意思是「無上續」。桑耶林（Samye Ling）於西元1988年以《不變自性》（*The Changeless Nature*）為書名而發行英譯版，自生慧出版社（Rangjung Yeshe Publications）則以創古仁波切的口訣教導《佛性》（*Buddha Nature*）一書出版。

· **Vajra Holder**（藏文拼音 rdo rje ’chang）金剛持。參見「金剛持」（vajradhara）。

· **Vajra vehicles**（藏文拼音 rdo rje theg pa）金剛乘。參見「金剛乘」（Vajrayana）。

· **Vajra vehicles of the resultant Secret Mantra**（藏文拼音 ’bras bu gsang sngags rdo rje theg pa）密咒果乘的金剛乘。參見「密咒」（Secret Mantra）。

· **Vajradhara**（藏文拼音 rdo rje ’chang）金剛持，持有金剛者。新譯派中的法身佛。也可以指個人的金剛乘上師。

· **Vajralike samadhi**（藏文拼音 rdo rje lta bu’i ting nge ’dzin）金剛喻三摩地、金剛喻定。第十地的最後階段，結果為佛果。

· **Vajrasana**（藏文拼音 rdo rje gdan）金剛座。釋迦牟尼佛於印度菩提迦耶成道之菩提樹其下的金剛座。

· **Vajrayana**（藏文拼音 rdo rje theg pa）金剛乘。以果為道的修持。與「密咒乘」相同。

· **Vehicle**（藏文拼音 theg pa）乘。「帶著」修行者到達果位的一套〔佛法〕修持方法。

· **Very unelaborate conduct**（藏文拼音 shin tu spros med kyi spyod pa） 極無戲論的行持。一種增益修持的行持方法。

· **Victorious conduct**（藏文拼音 rnam rgyal gyi spyod pa）勝御方行。多種行持方法的其中一種。

· **Victorious ones**（藏文拼音 rgyal ba, jina） 勝者。與佛相同。

· **Vidyadhara**（藏文拼音 rig 'dzin, knowledge-holder） 持明者。持有（dhara）〔智慧〕明（vidya）咒的人。

· **Vipashyana**（藏文拼音 lhag mthong） 毗婆舍那、觀。「清明的看見」或「較廣的看見」。禪修的兩個主要層面之一，另一個是奢摩他。

· **Wakefulness of all existent objects of knowledge**（藏文拼音 shes bya ji snyed pa [mkhyen pɛ]'i ye shes） 了知一切存有對境的覺智。了知世俗現象的二種智慧面向。〔譯註：一般指佛之二智當中的「盡所有智」。〕

· **Wakefulness of knowing the nature as it is**（藏文拼音 gnas lugs ji lta ba [gzigs pa]'i ye shes）如實了知自性的覺智。

- **Wisdom essence of the tathagatas**（藏文拼音 de bzhin gshegs pa'i ye shes kyi snying po）如來智的體性。與「如來藏」同義。
- **Yoga of Nonmeditation**（藏文拼音 sgom med kyi rnal 'byor）無修瑜伽。大手印四瑜伽的第四種。
- **Yogachara**（藏文拼音 rnal 'byor spyod pa）瑜伽行派。無著菩薩所建立的大乘學派。
- **Yogic practices**（藏文拼音 'khrul 'khor）瑜伽修持。那洛六法中所運用的修習。
- **Zhijey**（藏文拼音 zhi byed）息法、息苦法｛音譯：息解｝。由帕當巴・桑傑（Phadampa Sangye）帶入西藏，八大實修傳承之一。

《核心之要》所述及的大師與經典

- **Asanga**（藏文拼音 thogs med）無著菩薩。偉大的印度學者，主要與唯識派相關。
- ***Buddha Avatamsaka Sutra***（藏文拼音 sangs rgyas phal po che）《大方廣佛華嚴經》。美國香巴拉出版社（Shambhala Publication）發行的英文版書名為：*The Flower Adornment Sutra*。
- **Cutting**（藏文拼音 gcod）斷法、斷境法〔音譯：卻或倔〕。西藏八大實修傳承之一，與瑪姬・拉準相關。
- ***Dzogchen Hearing Lineage of Aro***（藏文拼音 rdzogs pa chen po a ro'i snyan brgyud）大圓滿阿若口耳傳承。從阿若・耶謝・炯涅（藏文拼音 Aro Yeshe Jungney）所傳下來的傳承，主要著重於大圓滿的心部。
- **Gampopa**（藏文拼音 mnyam med sgam po pa）岡波巴。噶舉派早期大師，是密勒日巴的弟子以及第一世噶瑪巴和帕摩・竹巴的上師，著有《解脫莊嚴寶論》等。

- ***Golden Garland of Rulu***（藏文拼音 ru lu gser phreng）《真實義黃金鬘》。岡波巴的著作之一。
- **Götsangpa, the conqueror**（藏文拼音 rgyal ba rgod tshang pa）勝者果倉巴，生於西元1189年，歿於西元1258年。竹巴噶舉派的早期大師。
- **Gyalsey Togmey Rinpoche**（藏文拼音 rgyal sras rin po che thogs med）賈瑟·托美仁波切。生於西元1295年，歿於西元1369年。噶當巴的大師，著有聞名的《佛子行三十七頌》。另一名號為紐邱·托美·桑波（藏文拼音 dngul chu thogs med bzang po）。
- **Gyalwa Drigungpa**（藏文拼音 rgyal ba bri gung pa）嘉華直貢巴。
- **Hasang**（藏文拼音 hva shang）和尚。某漢地大乘上師。
- **Khachö Lutreng**（藏文拼音 mkha’ spyod klu ’phreng）龍鬘空行。
- **Kyobpa Rinpoche**（藏文拼音 skobs pa rin po che）覺巴仁波切。西元1143年 - 1217年。直貢噶舉教派的早期大師，是帕摩·竹巴的弟子。

· ***Lalita Vistara***（藏文拼音 rgya cher rol pa，*Sutra of the Vast Display*）《方廣大莊嚴經》、《神通遊戲經》或《普曜經》。釋迦牟尼佛傳記之一。美國佛法出版社（Dharma Publishing）發行的英文版書名：*The Voice of the Buddha*。

· **Lingje Repa**（藏文拼音 gling rje ras pa）林傑．惹巴。西元1128年 - 1188年。竹巴噶舉教派的早期大師。

· **Luhipa, the siddha**（藏文拼音 grub thob lu hi pa）成就者魯悉巴。印度大成就者。

· **Maitreya**（藏文拼音 byams pa）彌勒菩薩。釋迦牟尼佛的菩薩弟子，是無著大師的老師以及賢劫下一位將出世的佛。

· **Maitripa**（藏文拼音 mai tri pa）梅紀巴。大手印傳承中的印度成就者，是那洛巴的上師。

· **Manjushri**（藏文拼音 'jam dpal dbyangs）文殊菩薩。釋迦牟尼佛的菩薩弟子，體現出世智與中觀的見地。

· **Marpa, lord**（藏文拼音 rje mar pa）怙主馬爾巴。西元1012年 - 1097年。西藏噶舉傳承的開山始祖。那洛巴的弟子，密勒日巴的上師。

- **Milarepa**（藏文拼音 mi la ras pa） 密勒日巴。西元1040年 - 1123年。偉大的西藏瑜伽士。馬爾巴的弟子，岡波巴的上師，以其《十萬道歌》和一生的傳記而聞名於世。
- **Nagarjuna**（藏文拼音 klu grub） 龍樹菩薩。偉大的印度學者，主要與中觀派有關。
- **Naropa, the glorious**（藏文拼音 dpal na ro pa） 吉祥那洛巴。印度班智達、成就者以及馬爾巴的上師。
- ***Noble Eight Thousand Verses***（藏文拼音 'phags pa brgyad stong pa） 《般若八千頌》。中版的《般若波羅蜜多經》。
- **Nyang Ben Tingdzin Zangpo**（藏文拼音 nyang ban ting 'dzin bzang po） 釀・班・汀金・桑波。西藏大師，無垢友尊者與蓮花生大士的弟子。
- **Orgyenpa, the siddha**（藏文拼音 grub thob o rgyan pa） 成就者哦堅巴。西元1230年 - 1309年。法王果倉巴與第二世噶瑪巴 噶瑪巴希的弟子。
- **Pacifying**（藏文拼音 zhi byed） 息法。西藏八大實修傳承之一，與印度大成就者帕當巴・桑傑有關。

- **Phagmo Drubpa, the sugata**（藏文拼音 bde gshegs phag mo grub pa） 善逝帕摩・竹巴。西元1110年 - 1170年。岡波巴的弟子。
- **Precious Master of Uddiyana**（藏文拼音 o rgyan rin po che） 鄔迪亞那的珍寶上師。指蓮花生大士貝瑪桑巴瓦，是藏傳佛教的開山祖師。
- **Sakyapa, Lord**（藏文拼音 rje sa skya pa） 怙主薩迦巴。西元1182 - 1251年。另名為薩迦班智達貢噶・嘉珠。薩迦派早期大師。
- **Samantabhadra**（藏文拼音 kun tu bzang po） 普賢王如來。大圓滿傳承中的法身佛。
- **Saraha**（藏文拼音 bram ze chen po sa ra ha） 薩拉哈。大手印傳承中的印度大成就者，以其道歌而聞名。
- **Shang Rinpoche**（藏文拼音 ’gro mgon zhang rin po che / shang g.yu brag mgon po） 香仁波切。西元1123 - 1193年。擦巴噶舉派（藏文拼音 Tsalpa Kagyü） 的開山祖師。
- **Shavaripa**（藏文拼音 dpal sha wa ra） 夏瓦日巴。印度大師。龍樹菩薩的弟子，彌勒菩薩的上師。

· **Subhuti**（藏文拼音 rab 'byor） 須菩提。釋迦牟尼佛十大聲聞近侍弟子之一，以善於教導空性而聞名。

· ***Sutra of Nonorigination of Dharmas***（藏文拼音 chos 'byung ba med pa'i mdo） 《諸法無生經》。

· ***Sutra of the Good Aeon***（藏文拼音 mdo sde bskal bzang） 《賢劫經》。美國佛法出版社（Dharma Publishing）發行的英文版。

· ***Sutra of the King of Samadhi***（藏文拼音 ting 'dzin rgyal po'i mdo） 《三摩地王經》。另參見自生慧出版社（ Rangjung Yeshe Publications）發行的創古仁波切（Thrangu Rinpoche）著作‥ *King of Samadhi*。

· ***Sutra on Pure Intention***（藏文拼音 bsam pa dag pa'i mdo） 《淨意經》。

· **Tilopa**（藏文拼音 til li pa） 帝洛巴。印度大成就者。那洛巴的上師。

· ***Udana Varga***（藏文拼音 ched du brjod pa'i tshom） 《法句經》。巴利語的大乘版本。

- **Vimalamitra**（藏文拼音 dri med gshes gnyen） 無垢友、貝瑪拉密札。印度班智達和大成就者。將大圓滿教法帶入西藏的三位大師之一 。
- **Yang-gönpa, the conqueror**（藏文拼音 rgyal ba yang dgon pa） 勝者揚袞巴。西元1213 - 1287年。竹巴噶舉大師，果倉巴的弟子。

真實顯明諸法精藏大手印之義・無垢明炬論

大手印之燈

作　　者：策勒・那措・讓卓（Tsele Natsok Rangdrol）
英　　譯：艾瑞克・貝瑪・坤桑（Erik Pema Kunsang）
中　　譯：普賢法譯小組
總 策 劃：釋了意
主　　編：洪淑妍
責任編輯：汪姿郡
封面設計：宋明展
內頁排版：黃智華

發 行 人：周美琴
出版發行：財團法人靈鷲山般若文教基金會附設出版社
地　　址：23444新北市永和區保生路2號21樓
電　　話：(02)2232-1008
傳　　真：(02)2232-1010
網　　址：www.093books.com.tw
讀者信箱：books@ljm.org.tw

總 經 銷：聯合發行股份有限公司
法律顧問：永然聯合法律事務所
印　　刷：東豪印刷事業有限公司
劃撥帳戶：財團法人靈鷲山般若文教基金會附設出版社
劃撥帳號：18887793
初版三刷：二〇二四年七月
定　　價：380元
I S B N：978-986-6324-46-8

國家圖書館出版品預行編目(CIP)資料

大手印之燈 策勒．那措．讓卓（Tsele Natsok Rangdrol）作；普賢法譯小組譯．－－出版．－－
新北市：靈鷲山般若出版，2013.12
面；　公分
譯自：Lamp of Mahamudra, The Immaculate Lamp that Perfectly and Fully Illuminates the Meaning of Mahamudra, the Essence of all Phenomena

ISBN 978-986-6324-46-8（平裝）

1.藏傳佛教　2. 佛教修持
226.965　　　　102022123

Lamp of Mahamudra, The Immaculate Lamp that Perfectly and Fully Illuminates the Meaning of Mahamudra, the Essence of all Phenomena by Tsele Natsok Rangdrol and Foreword by Dilgo Khyentse Rinpoche